남해마야
프로젝트

기 / 적 / 의 / 현 / 장 / 기 / 적 / 의 / 역 / 사

느헤미야 프로젝트

인터콥선교회 엮음

펴내기

김상복 목사
(할렐루야교회 원로목사, 횃불트리니티 신학대학원대학교 총장)

그 동안 꾸준히 열정적으로 열방을 위해 기도하며 선교해 온 인터콥은 오늘날 한국교회의 선교적 열정을 계속 불러 일으킨 선교단체입니다. 하나님께서 인터콥의 헌신을 얼마나 기뻐하셨는지 이 책을 통해서 더욱 잘 알 수 있습니다.

특별히 오늘날 가장 큰 도전인 이슬람 지역을 위해 인터콥을 사용해 주셨는데 세계경제와 나라의 경제상황이 어려운 지금의 상황에서 열방기도의집을 완공할 수 있다는 것은 놀라운 하나님의 은총입니다.

이 책에서 발견되는 놀라운 사실은 인터콥의 선교 열정에 감동받고 동참한 수많은 분들의 희생적 헌신이 오늘의 기적을 만들었다는 것입니다. 건축 과정에서도 국내와 미주의 시니어들이 일생동안 축적해 놓았던 건축 기술들을 하나님께 드리고, 국내 여성분들께서 밤을 새워 기도하며 세워진 놀라운 기적의 현장이 된 것은 하나님께서만 하실 수 있는 위대한 역사입니다.

이 열방기도의집이 한국교회의 선교적 열정을 한층 더 새롭게 불 붙게 하는 장소가 되기를 바라며 이 책을 읽는 모든 분들도 선교의 열정으로 새롭게 되기를 바랍니다.

훼파된 예루살렘을 보고 눈물로 간구했던 느헤미야의 심정으로 민족과 열방의 회복을 위해 헌신한 느헤미야들의 감동적인 이야기가 여기 있습니다. 여기 평범한 느헤미야들은 한국교회의 새로운 영적 혁명을 이루어가고 있는 위대한 믿음의 사람들입니다.

한계 상황에 직면하여 오랜 무력감과 좌절 속에 고통하는 성도와 목회자가 있습니까?

여기 느헤미야 프로젝트의 기적을 통해 하나님은 상상력과 믿음의 한계에 도전하며 여러분을 새로운 꿈과 비전의 세계로 인도하실 것입니다.

여러분은 여기 느헤미야 프로젝트를 통해 오늘도 살아서 놀랍게 역사하시는 기적의 하나님을 만나게 될 것입니다.

김진홍 목사 (두레교회 원로목사)

느헤미야 프로젝트를 아십니까?

느헤미야는 이스라엘의 무너진 역사를 다시 일으킨 하나님의 일꾼이었습니다. 이 시대에도 느헤미야 같은 일꾼들이 필요합니다. 온 세계의 영적세계가 병들어 있고 정신세계가 허물어져 있기 때문입니다. 마치 느헤미야 시대에 이스라엘 백성들이 병들어 있고 예루살렘 성벽이 허물어져 있었듯이 이 시대가 그 시대와 같습니다.

그 시대에 하나님께서 젊은 일꾼 느헤미야를 사용하셔서 무너진 역사를 다시 일으키셨듯이 이 시대에도 느헤미야처럼 사용하시는 하나님의 일꾼들이 있습니다. 느헤미야 프로젝트에 헌신하고 있는 한국교회의 일꾼들입니다. 오로지 헌신과 순종으로 복음의 역사, 기적의 역사를 일궈내고 있는 일꾼들입니다. 이들은 한국교회와 세계교회 그리고 한국과 열방의 새로운 희망입니다.

이 책은 바로 그 일꾼들의 이야기입니다. 이 책 속에서 독자 여러분들은 느헤미야 프로젝트를 통하여 이 시대의 부흥의 역사가 어떻게 일어나는지를 배우게 될 것입니다. 하나님께서 우리를 어떻게 사용하시길 원하시는지를 배우게 될 것입니다. 그 옛날 느헤미야가 예루살렘 성벽 재건을 통하여 이스라엘 공동체의 부흥을 이룬 것처럼 이 시대에 인터콥선교회의 일꾼들의 헌신을 통하여 열방의 부흥을 이루어 내실 것입니다. 인터콥선교회의 이야기는 바로 사도행전의 이야기입니다.

김영길 총장 (한동대)

수천 명의 각계 각층의 자원자들이 기쁨으로 기꺼이 헌신하여 세운 상주 열방센터는 잠자는 성도들과 교회를 깨우는 기적의 현장입니다.

예산 0원으로, 2만 5천여 평의 부지와 6천 5백 평의 건물을 '느헤미야 프로젝트'라는 방법으로 일궈낸 기적의 역사를 통해 여러분은 꿈과 비전을 가진 사람들과 함께 하시는 위대한 하나님을 만나게 될 것입니다.

여러분은 이 책에서 평범한 믿음의 사람들이 기도와 헌신을 통해 어떻게 위대한 기적의 역사를 이루어 가는지 보게 될 것입니다.

프롤로그

2007년 초에 몇몇 동역자분들이 우리도 집회 장소가 있어야 한다고 몇 차례 제안하더니, 급기야 광주의 리더 장로님 몇 분이 인터콥에도 집회 장소가 있어야 하지 않겠냐고 말씀하셨다. 매년 수천 명이 와서 선교훈련을 받고, 또 국내 50여 개 도시에서 1년 내내 훈련이 계속되는데 훈련 장소가 없어 15년 가까이 매번 다른 장소를 빌려 사용하다 보니 경비도 경비려니와 인터콥 간사님들이 보통 힘들고 수고로운 것이 아니라는 것이었다. 나는 그 말을 듣고 말도 안 된다고 생각하여 대꾸도 하지 않았다. 그냥 지나가는 말로 취급했다. 땅끝 최전방 선교하기도 벅찬데 무슨 건물 짓는 데 돈과 시간과 열정을 쏟느냐는 생각이었다.

'어차피 목숨 바쳐 선교하는 사람들이 이곳 저곳 빌려서 사역하는 것이 어떻단 말인가! 좀 힘이 들면 어떤가? 죽도록 사역하

다가 천국에 가서 쉬자!'

이후에도 몇 번 이런 의견이 나올 때마다 이런 마음으로 지나갔다.

그런데 미국을 방문했을 때 시애틀의 여성사역자 몇 분이 "미국에는 24시간 기도하는 기도의 집이 있는데 인터콥은 그렇게 어려운 미전도 종족들과 이슬람권 선교를 하면서 열방을 위한 기도의 집 하나 없이 어떻게 이 마지막 시대에 세계선교를 감당하겠느냐?"며 한국에도 열방을 위한 기도하는 집이 세워져야 한다고 했다.

이 말을 들은 나는 "맞는 말이다. 이슬람선교, 최전방 선교가 얼마나 어려운데, 매일 매일 전쟁 아닌가? 끊임없이 기도하며 영적 전쟁을 감당해야 하는데, 우리는 한국교회와 세계선교를 위해 집중적으로 기도하는 기도의 집 하나 없단 말인가?"하고 생각했다.

느헤미야 비전

왕이 만일 좋게 여기시고 종이 왕의 목전에서 은혜를 얻었사오면 나를 유다 땅 나의 조상들의 묘실이 있는 성읍에 보내어 그 성을 건축하게 하옵소서_느 2:5

9.11 사태 이후에 그 동안 세계선교를 주도하던 미국교회의 선교 리더십이 쇠퇴하면서 세계선교의 중심축이 한국교회와 동아시아교회로 이전되고, 이제 우리가 남은 과업을 감당해야 하는데 남은 선교지 대부분이 이슬람권 중심의 최전방 민족들 아닌가? 끊임없이 드려지는 기도 없이 어떻게 마지막 시대, 세계선교를 감당할 수 있겠는가?

하나님께서 나의 심령 가운데 지구 영적 전쟁의 중심 센터로서 열방을 위한 중보기도 센터에 대한 부담을 강하게 부어 주셨다. 이것은 단지 우리가 수고로움에서 벗어나기 위한 것이 아니라 우리의 힘만으로는 감당할 수 없는 마지막 시대 선교를 감당하기 위한 하나님의 전략적 프로젝트라는 강하고 분명한 믿음과 비전이 보이기 시작했다.

그리고 이것은 인터콥의 프로젝트가 아니라 한국교회를 넘어서 마지막 시대 세계교회의 긴급한 영적 프로젝트라는 확신과 함께 사명으로 다가왔다. 우리 동역자들 모두 하나같이 "이것은 마지막 시대 세계 영적 전쟁을 위한 중심(센터)이 될 겁니다"라고 믿음의 고백으로 화답해 주었다.

그래서 우리는 열방을 위한 기도의 집을 설립하기로 마음을 모으고 "마지막 시대 하나님의 글로벌 프로젝트, BTJ열방센터"라고 명명하며 기도하기 시작했다.

느헤미야 원칙

또 저희에게 하나님의 선한 손이 나를 도우신 일과 왕이 내게 이른 말씀을 고하였더니 저희의 말이 일어나 건축하자 하고 모두 힘을 내어 이 선한 일을 하려 하매_느 2:18

집회를 위한 센터를 세우자고 제안했던 여러 분들이 바로 건축을 위한 작업을 시작하자고 했다. 처음부터 우리는 "어떤 예산을 가지고 하는 것이 아니며, 언제까지 해야 하는 것도 아니고, 하나님께서 공급해주시는 대로 한다"는 원칙을 분명히 했다. 선교사님들, 간사님들 모두 기뻐했다.

우리의 원칙은 분명했다. 우리가 가진 자금은 아무것도 없다. 예산도 없다. 시작은 있으나 언제 끝날지 우리는 알지 못한다. 땅을 주시면 하고, 집 짓는 전문가를 보내주시면 하고, 건축자재를 보내주시면 하는 것이다. 하루하루 그렇게 집을 지어가는 것이다.

우리가 가장 먼저 해야 할 일은 열방센터를 지을 땅부터 하나
님께 구하는 기도였다. 여러 분이 땅을 기증하기 원했지만 우리
에게 맞는 집을 짓기는 어려워 여러 차례 성사되지 않았다. 그
러던 중 상주시에서 우리 단체에게 2만 2천 평의 대지를 제공하
겠다고 해서 상주시 화서면으로 장소가 결정되었다. 기도의 응
답이었다.

미국 LA의 이집사님이 설계를 해주셨으며, 국내에서 많은 분
들이 헌신하여 한국 실정에 맞게 하나하나 구체적인 설계도를
완성해주셨다. 현장 소장, 전기, 토목, 인테리어 등 각 분야에
오랜 경험을 가진 여러 건축 전문가들이 국내와 미주에서 자원
봉사로 헌신해 오셨다. 또 어떤 분들은 현장 건축 봉사자들의
식사 준비를 위해 헌신하여 식당에서 봉사했다. 또 어떤 분들은
이곳 저곳에서 반찬을 만들어 현장으로 오셨다. 어떤 분들은 틈
만 나면 현장으로 달려와 기도로 섬겼다. 어느 날은 500명이 넘
는 청년들이 현장 보조로 봉사했다. 수천 명에 달하는 자원자들

이 공사 도우미로 며칠씩 공사를 보조하며 섬긴 것이다. 가히 성도들이 부역으로 집을 짓는 것과 같았다. 여러 기독교 기업들 또는 비기독교 기업들이 헌신하여 건축자재를 공급해 주었으며, 또 이루 헤아릴 수 없이 많은 분들이 여러 모양의 물질과 기도로, 어떤 분은 뜨겁게 어떤 분은 눈물겹게 헌신해 주셨다.

아! 느헤미야

성을 건축하는 자와 짐을 나르는 자는 다 각각
한 손으로 일을 하며 한 손에는 병기를 잡았는데_느 4:17

우리는 이 건축 프로젝트를 〈느헤미야 프로젝트〉라고 칭하고 헌신한 분들을 '느헤미야'라고 불렀다. 마치 하나님께서 느헤미야와 자원자들을 세우셔서 예루살렘 성을 쌓듯이 우리도 느헤미야처럼 헌신자들을 통해서 열방센터를 건축하자는 뜻이었다.

나는 건축을 하려면 건축 전문가들과 땅만 있으면 되는 줄 알
았다. 그런데 시공회사가 없으면 안 된다는 것이었다. 우리는
거의 1년 동안 시공회사를 보내주시길 하나님께 기도했다. 자
원자들이 집을 짓는 상황에서 시공회사가 대가 없이 자원하여
책임을 맡기가 쉽지 않았던 것이다. 그런데 감사하게도 건축업
을 하시는 황권사님이 마침 회사를 정리하려고 한다면서 우리
에게 회사를 넘겨주었다. 건축을 다 한 후에 회사를 폐쇄해도
좋다는 것이었다. 우리는 얼마나 감사하고 놀랐는지 모른다. 하
나님께서 이런 방법으로 인도하시다니!

처음에 느헤미야 프로젝트에 관심을 갖고 찾아온 건축 전문
가들의 대부분은 예산도 없고 또 자금 대책도 없이 상주시에서
마련해 준 대지 위에 설계도 하나만 가지고 집을 짓는다고 하
니 매우 의아해 했다. 여러 건축 전문가가 집을 지으려면 먼저
예산을 짜야 한다고 했다. 그러나 나는 "절대로 예산을 짜지 마
십시오!"라고 강하게 말했다. 그랬더니 "예산을 짜지 않고 어떻

게 집을 짓습니까?"라고 매우 당혹해 했다. 이런 식으로 언제 집이 지어질 수 있겠냐는 것이었다. 나는 "3년이 걸릴지 30년이 걸릴지 모릅니다. 우리는 하나님께서 인도하시는 대로 할 것입니다."

그런데 이와 같은 우리의 단호한 입장을 알자 어떤 사람은 시험 들어 슬그머니 떠나갔다. 그도 그럴 것이 식솔을 책임질 가족이 있는 상황에서 헌신하고 왔는데 언제 끝날지 모르는 이 일에 무작정 헌신한다는 것이 현실적으로 어려운 일이었기 때문이다. 헌신자가 있으면 일하고, 또 누가 건축자재를 주면 일하고, 아니면 헌신자 및 자재가 나올 때까지 그 다음 작업 순서를 무작정 기다려야 한다니 기기 막혔던 것이다. 그러자 어떤 분은 "돈이 없어도 예산이나 한번 짜봅시다. 얼마나 드는지 감이라도 잡아야 하지 않겠습니까?"라며 얼굴을 붉혔다. 그러나 나는 "만약 예산서를 짜시려면 손을 떼고 가셔야 합니다. 우리는 절대로 예산을 짜지 않을 겁니다. 하나님께서 공급하시는 대로 하루

하루 작업을 할 겁니다. 만약 누구라도 예산서를 짜려고 시도하면 더 이상 이 일에 개입하지 말고 떠나서야 합니다"라고 단호히 대답했다. 왜냐하면 이것이 하나님의 방법이었기 때문이었다. 자금이 전혀 없이 3천 명이 들어가는 집회장과 2천 5백 명이 들어가는 숙소, 5백 명을 한꺼번에 수용하는 기도실을 건축한다는 것이 전문가들 입장에서는 말도 안 되는 것이었다. 그러나 하나님께서는 놀랍게 공급해 주셨다.

2009년 2월에 내가 미국에 갔을 때 일이다. 한 여성이 다가와서 자신이 제일 먼저 열방센터를 위해 헌금하고 싶다고 했다. 나는 이분이 이미 1년 전부터 집 안의 경제적 어려움이 있어서 몇 차례 기도 요청을 했던 분이었기에 사양을 했다. 그랬더니 얼마나 고집스러운지 마지못해 봉투를 받아서 담당 간사님께 맡겼다. 나는 속으로 '100불 정도 되겠지'라고 생각했다. 나중에 서울로 송금해 왔는데 보니 10만 불이었다. 나는 너무나 놀라서 담당 간사에게 전화기에 대고 당장 돌려주라고 소리를 높였다.

나중에 들으니 그분은 마지막 남은 신용을 사용하여 헌금을 했다는 것이었다.

어떤 대구에 사는 성도는 병원에서 암 진단을 받고 보험료 1억 원을 받았는데 병원 가서 수술을 하느냐 아니면 이 돈을 헌금하느냐 기도하다가 병원을 포기하고 기도의 집 건축에 헌금을 했다고 한다. 눈물겨운 헌신에 헌신이 이어졌다.

느헤미야 기적

성벽 역사가 오십이 일 만인 엘룰월 이십오일에 끝나매 우리의 모든 대적과 주위에 있는 이방 족속들이 이를 듣고 다 두려워하여 크게 낙담하였으니 그들이 우리 하나님께서 이 역사를 이루신 것을 앎이니라_느 6:15-16

마침내 본부 젊은 간사들 중심으로 열방센터팀을 구성했고, 헌신한 건축 전문가 느헤미야들은 상주 현장에서 작업을 진행하였다. 천안의 어느 여집사님의 남편은 불신자인데 자신의 포크레인을 끌고 와서 현장 부지를 다 정리해 주었다. 상주의 어느 작은 전기업자는 몇 개의 전봇대를 세우고 변압기를 달아 전기를 끌어오는 작업을 했는데, 공사 중에 헌신하여 공사비를 받지 않고 갔다. 하나님께서 감동하신 것이다.

간사님들이 국내 여러 건축자재 업체들을 찾아 다니며 호소하고 현장 느헤미야 헌신자들이 땀을 흘려 일하면서 수시로 업체들을 찾아 도움을 요청했다.

"가난한 나라를 위해 봉사하는 기독교 단체입니다."

"최전방 선교를 감당하는 선교단체입니다."

젊은 청년 자매들이 이렇게 큰 규모의 집을 짓겠다고 하니 업체들은 하나같이 깜짝 놀랐다. 또 경륜을 가진 건축 전문가들이 자신의 생업을 중단하고 자원봉사자로 현장에서 섬기고 있다는 사실에 비기독교 업체들도 감동하였다. 이렇게 여러 다양한 업체들이 여러 모양으로 도와주었다.

2008년 세계 금융위기 이후 건설 및 건축자재 생산 업체들에게는 가장 어려운 시기였다. 창고에 자재들은 쌓여가는데 직원을 다 내보낼 수도 없어서 속도와 양을 줄이더라도 생산을 계속해야 하는 상황에 있었던 것이었다. 창고를 정리해야 할 정도로 재고가 쌓여가는 것이다. 감사하게도 이런 불경기가 우리 느헤미야 프로젝트에는 가장 좋은 시기였던 것이다.

2009년 느헤미야 프로젝트를 시작하면서 내심 걱정이 앞섰다. '이 불경기에 누가 헌신하며 누가 도와주겠는가? 하필 이렇게 어려운 시기에 어쩌다가 이러한 프로젝트를 하게 되었나!'

그러나 하나님은 우리의 연약함을 넘어서 역사하시는 분이시다. 손간사를 비롯한 느헤미야 프로젝트팀, 중보기도팀이 목숨을 걸고 기도했다. 필요한 때에 필요한 것이 공급되지 않으면 마치 목숨을 내어 드리는 심정으로 하나님께 매달렸다. 하나님께서 공급하실 때까지 식음을 전폐한 필사의 기도가 처음부터 계속된 것이다.

이렇게 2010년 11월에 시작한 공사가 약 1년 6개월 만에 다 마치게 된 것이다.

어떤 장로님이 현장을 방문하여 이렇게 말씀하셨다.

"이것은 국내 대형 건설사가 건축한 속도와 거의 동일합니다. 누군가 헌신하고 누군가 공급하는 대로 건축했는데 이렇게 빨리 지어졌다는 것은 기적 중의 기적입니다."

한동대 김영길 총장님이 이 소식을 듣고 전화를 하셨다.

"내일 한동대 보직 교수들을 다 데리고 현장을 방문하고 싶습니다. 헌신과 기적의 현장을 보고 우리 교수님들이 다시 한번 하나님께 헌신하는 계기가 되길 바랍니다."

열방을 향한 소망의 노래

하늘의 하나님이시여!

마지막 시대 전쟁은 홀로 기도함으로 감당할 수 없습니다. 거룩한 성도들이 함께 모여 기도해야 합니다. 이 느헤미야 프로젝트는 마지막 시대 지구 영적 전쟁을 준비하는 하나님의 글로벌 프로젝트입니다. BTJ열방센터, 열방기도의집을 허락하옵소서! 우리가 이곳에서 함께 모여 기도하기를 원합니다. 우리가 함께 모여 기도할 때 하늘 문이 열리고 권능으로 역사하사 열방의 어둠의 권세가 무너지게 하옵소서!

하늘과 땅의 모든 권세를 가지신 우리의 주님이시여!

이 마지막시대 엄청난 힘으로 다가오는 어둠의 권세를 이기고 하나님의 역사를 감당하기에는 각개 전투 식으로 진행되는 전통적인 방법으로는 아니 됩니다. 새벽 이슬 같은 수많은 청년들이 이곳에서 훈련되고 준비되어 열방의 회복을 위해 거룩한 왕의 군대로 일어나게 하시고 땅끝 예루살렘까지 모든 열방 회복하며 왕의 대로를 구축하며 전진하게 하옵소서!

느헤미야 프로젝트에 수천 명의 헌신자들과 수백 명의 현장 느헤미야들이 참가했다. 그리고 해외와 국내에서 수천 명의 중보기도팀이 쉬지 않고 기도로 섬겼다. 아마도 단일 건축사업으로 이렇게 많은 인력이 동원된 프로젝트는 세계에서 보기 드물 것이다.

사실 우리는 매일 매일 감당하기 어려운 느헤미야 프로젝트를 하루하루 이어나갔다. 마지막 시대를 감당해야 겠다는 마음 하나 가지고 마지막 시대를 감당할 열방센터를 지어 왔다. 그런데 하나님께서는 느헤미야 프로젝트를 통해서 집을 지으신 것이 아니라 마지막 시대를 감당할 거룩한 왕의 군대를 모으고 계셨다. 주의 다시 오실 길을 예비하는 거룩한 백성들, 세상에서 구별된 헌신된 왕의 군대를 모집하고 계셨던 것이다. 우리의 생각과 지혜를 넘어서서 역사하시는 위대하신 주님을 찬양합니다!

　오! 하나님이시여! 찬양 받으시옵소서!
　오! 하나님이시여! 영광 받으시옵소서!

　주여! 우리는 열방기도의 집, 느헤미야 프르젝트를 통하여 주의 권능의 손길을 보았으며 주의 영광을 보았습니다.
　여기 마지막 시대 주의 역사 감당하기 위해 죽기까지 헌신한 사랑하시는 주의 성도들과 주의 종들을 기억 하옵시고 이것이 영원한 기업이 되게 하옵소서!

　오! 주여! 이제 우리가 여기 모여 예배할 때마다 하늘 문이 열리게 하시고 우리가 여기 모여 주께 부르짖어 기도할 때마다 민족과 열방의 어둠의 진이 무너지게 하옵소서!

주여! 우리가 여기 모여 민족과 열방을 품고 주께 나아갈 때마다 하늘의 권능으로 기름 부으시고 거룩한 왕의 군대가 되게 하옵소서! 그리하여 우리의 연약함 떨치고 함께 일어나 역사의 막힌 벽을 뚫고 영원한 영광을 바라보며 전진하며 또 전진하게 하옵소서!

주여! 우리로 시대를 이기게 하시고 땅끝 예루살렘까지 모든 열방을 회복하며 우리 주님 다시 오시는 왕의 대로를 수축하게 하옵소서! 그렇게 죽도록 충성하게 하시며 그렇게 끝까지 영원한 복음으로 하나님의 역사 감당하게 하옵소서!

마라나타! 주 예수여! 속히 오시옵소서!

- 인터콥 대표 최바울 선교사 -

[차 례]

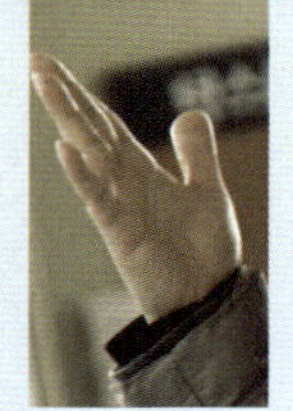

'열방기도의집'을 드리는 우리의 기도

Ⅰ. 달란트의 기적

비전의 나무를 심는
제1호 느헤미야

강민 집사_순천

거부할 수 없는 하나님의 계획

계속된 열두 번의 사업 실패로 삶까지 포기하려고 했던 지난 날, 제 삶에 하나님 없이는 안 된다는 말에 하나님 앞으로 돌아왔습니다. 그러나 '왜 나만 힘들게 하는가?'에 대한 불평은 계속되었습니다. 그리고 3년 후 아내와 아이들이 인터콥 훈련을 받고 있다는 사실을 알게 되었습니다.

그전부터 지인의 훈련 권유로 인터콥에 대해 알아보았으나 프론티어 미전도 종족, 그것도 아주 위험한 지역만 다니며 목숨 걸고 선교한다는 말에 솔직히 좀 부담스러웠습니다. 그래서 저는 아내와 아이들에게 이번 훈련을 마지막으로 인터콥과는 관계하지 말도록 당부했습니다.

그러나 이후에 알고 보니, 아이들까지 저 몰래 스태프로 섬기고 있었더군요. 최바울 선교사님이 누구인지, 또 왜 우리 가족이 이렇게 인터콥에 열심인지 궁금하여 최바울 선교사님의 책을 읽었습니다. 책을 읽은 후 '최바울 선교사 참 똑똑한 사람이구나!'하고 생각했지만, 인터콥은 안 된다고 다시 다짐했습니다.

아내 생일이었습니다. 식사 전, 앞으로 인터콥 관련 집회나 행사는 모두 끊기로 아내와 아이들에게 확답까지 받은 후 생일을 보내고 있었습니다. 그러나 준비한 선물이 없었던 제 입에서 갑자기 이런 말이 나왔습니다.

"생일 선물로⋯ 음⋯ 인터콥 캠프 가 볼게"

왜 이런 말이 나왔는지⋯. 갑자기 나온 말이라 주워담지도 못하고⋯. 이렇게 저와 인터콥과의 인연이 시작되었습니다.

인터콥이 도대체 어떤 단체인지 조사해 보리라는 굳은 마음으로 캠프에 참석했습니다. 캠프에 참석하고 보니 최바울 선교사는 별로 대단하지 않더군요. 성령님이 대단한 분이셨습니다. 성령님

의 강한 임재 앞에 열방을 사랑하는 하나님의 마음을 깊이 느낄 수 있었습니다.

캠프 후 돌아오며 아내와 통화하는데 자꾸 웃기만 합니다. 사실은 그날이 생일이 아니었다고 하더라구요. 딸 아이가 생일을 잘못 체크해 놓은 것을 아내도 모르고 있었고, 생일마다 챙겨주시던 어머니의 연락이 없어 전화를 드렸더니 "네 생일 오늘 아니다!"라고 말씀하셔서 생일이 아님을 알았다고…. 그 말을 듣고 이 모든 것이 하나님의 엄청난 계획임을 알게 되었습니다.

약속대로 선교 훈련을 받았습니다. 당시 제가 일하던 현장이 오산이었는데, 순천까지 오가며 비전스쿨을 받고, 현장 상황을 조절하며 비전캠프를 참석해야 했기에 너무나 힘들었습니다. 그래서 다시 내 마음이 확실해졌습니다.

"나를 이렇게 피곤하게 하는 인터콥은 정말 피곤한 단체다. 다시는 인터콥과 관련된 어떤 누구와도 연관되지 말자. 인터콥의 '인'자도 꺼내지 말자."

당신이 느헤미야입니다

그런데 하루는 임이스마엘 선교사님이 꿈에 찾아오셔서 아무 말 없이 제 손을 잡더니 "도와주세요"라고 말씀하셨습니다. 저는 "도와줄 게 없다" 말하며 꿈에서 깼는데, 이틀 후 임이스마엘 선교사님이 순천지부에 강사로 오신다는 소식을 들었습니다.

스쿨 스태프에게 오산 현장에서 7시에 작업이 끝나 도착하면 늦으니 일단 무조건 선교사님을 붙잡아달라고, 꼭 물어 볼 것이 있다고 부탁하고는 작업복 차림으로 순천에 도착했습니다.

제가 도착했을 땐 이미 스쿨이 끝났으나 선교사님은 저를 기다리고 계셨습니다. 꿈 이야기를 하며 도대체 무엇이 필요한지를 물었습니다. 제가 조경업을 한다는 이야기에 선교사님께서 손을 덥석 잡더니 열방기도의집 이야기를 해 주셨고 제가 섬길 수 있는 부분을 말씀해주셨습니다. 그러나 인터콥은 피곤한 단체란 생각에 인터콥과 연관되지 않으려 다시 한번 다짐했습니다.

마지막 3차 캠프 때도 늦게 도착했습니다. 그런데 빈자리는 없고 맨 앞 최바울 선교사님 뒷 자리만 남아있더군요. 강의를 마친

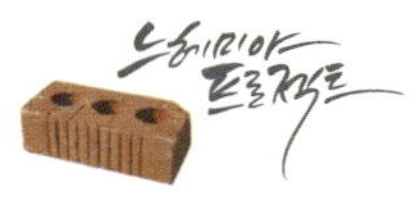

선교사님께 저는 느닷없이 "상주에서 짓는 게 무엇입니까?"라고 물었습니다. 조경업에 대한 이야기를 들으신 최바울 선교사님께서 두 손을 잡고 "정말 필요합니다"라고 말씀하시며 느헤미야 프로젝트에 대한 말씀을 해 주셨습니다.

얼마 후, 오산 현장에서 일을 마친 후 갑자기 기도가 하고 싶어 교회를 찾아 다녔으나 문이 닫혀 다시 돌아오는 길이었습니다. 현장 근처 아주 작고 예쁜 시골 교회를 만났습니다. 수요예배 시간이었는데 목사님께서 느헤미야서로 설교를 하고 있었습니다.

한손에는 일, 한손에는 병기를 잡고_느 4:17

성벽을 건축해가는 이스라엘 백성의 삶과 사역이 함께 하는 모습과, 느헤미야의 리더십에 대해 듣게 되었습니다. 그리고 예배 마지막에 전 교인이 함께 일어나 손을 뻗어 **"당신은 이 시대의 느헤미야입니다"** 라고 축복해 주는 것이었습니다.

그때 아무리 힘들더라도 끝까지 조경 일을 포기하지 않았음에 감사드리게 되었고, 기쁨으로 열방기도의집을 세워가는 사역에 참여하는 마음을 주셨습니다. 알고 봤더니 아내가 제가 열방기도

의집 현장에서 일하는 모습을 생각하며, 제 이름으로 헌금과 기도
를 계속했었다고 합니다.

순종으로 누릴 수 있는 기쁨

조경 작업이라는 게 모든 건물을 다 짓고 마무리 단계에서 가장
마지막에 하는 작업인데, 하나님께서는 맨 마지막에 필요한 저를
제일 먼저 발탁하셔서 '1호 느헤미야'로 세우셨습니다. 결단하고
보니 '1호 느헤미야'가 되어 있었던 것입니다.

2009년 이곳에 아직 건물이 지어질 기미도 보이기 전 식수를 후
원해 주신 분이 계셔서 황량한 벌판에 나무 이식 작업을 하였습니
다. 그리고 마지막 나무가 나를 통해 심어질 그날을 고대하며 기
다리고 있습니다. 이곳에 첫 삽을 제가 떴듯이 마지막 삽 또한 제
가 뜨기를 원합니다. 그 영광의 자리에 하나님께서 나를 택하시고
불러주신 것에 감사합니다.

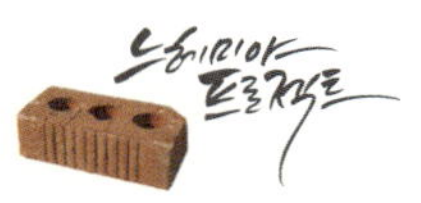

첫 삽 이후 2년 가량의 기다림 속에 더디 가는 작업, 영 지어질 것 같지 않는 건물, 엉성하기 짝이 없어 보이는 우리들, 포기하고 싶은 순간들도 많았습니다. 솔직히 이렇게 힘들 줄 알았으면 전 여기 오지 않았을지도 모릅니다. 만약 그랬다면 이 엄청난 비전 앞에 비켜간 자가 되었을 것입니다.

하나님께서 맨 마지막 작업을 제일 먼저 하게 하신 것은 저를 너무 잘 아시는 하나님의 특별한 섭리였습니다. 한 배를 탄 공동체에 제가 한쪽 귀퉁이라도 감당하고 있다는 것이 그저 감사합니다.

한번씩 현장에 올라와 다시 내려갈 때마다 '내 일'을 여기에 놔 두

2009년 나무 이식작업하는 느헤미야

고 다시 내려가야 한다는 것이 안타까워 울면서 내려가곤 합니다.

얼마전 꿈에서 커다란 배가 좌초해서 가라앉고 있었습니다. 그리고 배 밑으로 물 속 바닥이 보이는데 그 자리를 인터콥 로고가 메꾸고 있는 것이 보였습니다. 갑판 위를 보니까 많은 사람들이 즐기고 있었습니다. 배 갑판 곳곳에서 누군가는 물을 퍼내고 있는데, 배는 앞으로 계속 나아가고 있는 것입니다. 꿈에서 깼을 때 생각했습니다.

'아! 이것이 한국교회의 모습이구나. 그러나 좌초되어 있는 것을 메꾸기 위해 누군가는 이렇게 물을 퍼내고 있구나.'

가라앉는지조차도 모르고 즐기고 있는 사람들 가운데 부족한 저를 부르셔서 하나님의 큰 역사 가운데 순종하게 하셔서 감사합니다. 그리고 순종함 가운데 누릴 수 있는 기쁨이 얼마나 큰지 모르겠습니다.

지금도 십자가 위에서 고통당하신 주님이 열방을 바라보고 계십니다. 나를 살리신 예수님이 열방도 살리실 것을 믿으며 우리 온 식구가 주님 앞에 설 때까지 하나님의 영광만을 위해 살고자 합니다.

순종과 헌신의 위대한 결과를 보다

성호선 장로_부산

선교 전문가와 건축 전문가가 만났어요

저는 열방기도의집 신축 공사 현장에서 소장으로 섬긴 성호선 장로입니다. 부산에서 인터콥 기초 선교훈련과 비즈니스 선교훈련(MNB) 과정을 마치고 열방에 대한 남다른 뜻은 있었지만, 이곳에 오리라고는 상상도 못했는데 어느 날 보니 '현장 소장'이라는 이름으로 서 있었습니다.

MNB 교육 중 쉬는 시간에 부산 지부장님, 최바울 선교사님과 함께 커피를 마시다가 공사 이야기가 나왔는데, 최바울 선교사님이 그 자리에서 선포를 해버렸습니다.

"나는 선교 전문가이고 장로님은 건축 전문가입니다. 나는 선교가 쉽고 장로님은 건축이 쉬운 것 아닙니까? 일주일에 한두 번 정도만 와서 봐주시고 전화로 하면 됩니다. 오늘 현장 소장 결정되었습니다."

공사를 하룻밤 자는 텐트 치는 정도로 생각하는 것 같았지만 선포는 위대한 힘이 있다는 것을 그 후에 알았습니다. 뒤에 안 일이지만 미주에서는 얼굴은 몰라도 '성호선'이라는 이름은 다 알정도로 많은 사람들이 기도했다는 이야기를 듣고 많이 부끄러웠습니다.

나는 공사비가 얼마나 있는지 일 할 사람이 몇 명이나 있는지 공사 기간은 얼마나 계획하는지 궁금하지도 않았고 물어 보지도 않았습니다. 저는 이런 것을 따지고 계산 할 줄 아는 사람이 못 됩니다. 영특한 사람은 계산도 잘 하고 따지기도 잘 하지만 하나님은 나같이 좀 맹한 사람 -모자란 사람- 을 쓰시는 것이 아닌가 싶습니다.

인터콥의 많은 사람이 그렇겠지만 저도 저의 의도와는 전혀 상관 없이 훈련을 받게 되었고 여기까지 왔습니다. 그래서 저는 인

터콥의 특징을 이렇게 말합니다. 첫째, 모든 남자들은 여자들 손에 끌려 나오고, 둘째, 훈련 안 받으려고 뺀질뺀질 요리 조리 빼다가 어느 날 마지못해 등록하게 됩니다. 셋째, 그러던 어느 순간 성령을 통해 하나님의 음성을 듣고 '앗! 뜨거워' 하며 선교한다고 인생의 진로를 바꾸는 데까지 도달하지요. 넷째, 그러다 영성이 떨어진 아내의 경우 후회를 합니다. 괜히 나 혼자나 몰래 다닐 걸 남편을 훈련 받게 해서 상황이 곤란해졌다고 말입니다. 저도 그랬고 여기 많은 헌신자들도 말은 안 해도 대부분 그렇습니다.

하나님의 백지수표는 '느헤미야'

옛날에 시골 시냇물에 농부가 대발을 엮어 물을 막고 가운데 통발을 설치하여 참게를 잡는 것을 보았습니다. 가을 밤이 되면 바다로 가기 위해 게들은 열심히 물을 따라 내려갔는데 아침에 보면 통발에 쏙 들어가 있는 것입니다. 주인이 놓아 주지 않는 한 살아

날 방법은 없습니다. 밤새껏 고생해 잡았는데 놓아줄 사람이 어디 있겠습니까? 우리는 하나님 앞에 게통발에 잡힌 참게들입니다. 하나님께서 몇 년 간 힘들여 잡았는데 그냥 놓아 주시겠습니까? 이곳 열방기도의집 공사 현장은 주님 오실 길을 예비하는 영적 전쟁터입니다. 국내와 미주지부의 많은 헌신자들에 의해서 세워졌습니다. 부지가 2만 5천여 평 건물이 6천 5백여 평으로 순종과 헌신의 결과가 얼마나 위대한가를 보여주는 곳입니다.

많은 사람들이 공사비는 얼마나 들고 어떻게 조달하는가를 궁금해 합니다. 그런데 총 공사비도 모르고 어디서 나오는지도 모릅니다.

저도 처음부터 돈이 얼마나 있는지 한 번도 물어보지 않았습니다. 최바울 선교사님도 얼마나 들어갈지 물어보시지 않았습니다. 어차피 돈은 한 푼도 없고 모든 공사를 '느헤미야 프로젝트'로 할 것이기 때문에 공사를 하는 실무자로서 실행 예산을 세우기는 했지만 차라리 모르는 것이 나았습니다.

이스라엘 백성들이 광야에서 회막문에 구름이 떠오르면 떠나고 구름이 머무르면 정지하는 것처럼 느헤미야가 세워지면 공사

가 진행되고 그 손길이 그치면 중단하고 세워질 때까지 기다리자는 것이 이 '느헤미야 프로젝트'의 취지입니다. 담보로 대출을 받아 하는 공사는 절대 안 한다고 했습니다. 그리고 한 번도 공사가 중단 된 적도 없었습니다.

어느 날 비전센터(집회장) 기초 콘크리트를 타설하는데, 레미콘이 약 800㎥ 정도(믹서트럭 약 130대 분량)가 필요한 날이었습니다. 항상 그랬지만 그날도 레미콘 공사비가 10시까지 10대분 정도밖에 채워지지 않았다고 했습니다. 전국의 느헤미야들에게 기도와 헌신을 촉구하기 위해 공사를 중단해야 한다고 몇몇 직원들이 강력히 권했습니다. 나는 일언지하에 거절했습니다. 우리가 공사를 중단하면 사단들이 보란 듯이 떠들 것 같았고 냉랭히 풀죽어 있는 중단된 현장 모습이 떠 올랐기 때문입니다.

"공사를 헌신자로 한다고? 그러면 왜 대형 건설회사가 필요하겠느냐? 꿈과 현실도 분간 못하냐?"라며 조롱하는 것 같았습니다

"일을 하다가 오후 4시나 5시경에 채워지면 다시 공사를 할 것인가? 중단하면 많은 헌신자들이 힘이 빠져 더 안 될 수 있다. 우리는 공사에만 충실하고 동원은 우리 간사님들에게 맡기자."

사실 간사님들의 고생은 말이 아니었습니다. 매일 쓰일 공사용 자재명세서와 노임을 올리면 그것을 맞추느라 발이 부르트고 목이 타도록 뛰어다니며 저녁에는 지쳐있는 모습이 현장에서도 보였습니다. 현장 보조 간사들도 낮에는 일하고 밤에는 전국으로 동원 세미나를 다니며 사역했습니다.

그날도 오후 4시경 공사비가 다 채워졌다는 소식을 들을 때 저는 공사를 멈추지 않았던 제 판단이 옳았다고 말할 수 있었습니다. 매일 같이 이렇게 일하다 보니 돈에 대해서는 조금도 걱정하지 않고 일했습니다. 모두가 얼마나 열심히 일했던지 혹시라도 일이 잘못되면 자기 일이 손해라도 난 것처럼 눈물을 흘렸습니다.

비전센터 콘크리트가 타설되는 장면(좌), 타설 후의 장면(우)

느헤미야 풍경속으로

우리 열방기도의집의 특징은 자연 경관을 살리기 위해 절토를 최소화하고 뒤편 산의 수려한 경관을 넣고자 충수를 낮추었으며, 산과 조경 면적을 이용하여 외부에서 건물이 돌출되어 보이지 않도록 하고 콘크리트 구조물을 최대한 억제했습니다. 건물에는 사용 빈도에 따른 구역으로 나누고, 이곳 기후에 맞는(고랭지로서 낮에는 덥고 밤에는 시원함) 냉난방 시설과 화학 연료를 사용하지 않는 기계시설을 채택했으며, 최고 5천여 명이 와도 화장실에서 줄을 서지 않도록 넉넉하게 했습니다

현장 사무실·식당·예배당·숙소 모두 보내 주신 중고 제품으로 지었고, 쌀·고기·작업복 등도 다 전국 각지에서 보내 주셨습니다. 어떤 분은 한꺼번에 계란을 150판을 보내 주셔서 한동안 식당에 병아리 냄새가 가득했고요. 어떤 분은 사업으로 키우는 개를 보내주셔서 여름에 식당이 '도그판'이 된 적도 있습니다.

또 직접 기술이나 몸으로 참여하시는 분들이 있습니다. 바로 현장 느헤미야들입니다. 전문 업체에 맡기지 않으면 할 수 없다고 하

는 이 큰 전기 공사를 전국에서 생업을 포기하고 와서 헌신하시는 분들에 의해서 완성되었습니다. 아예 이사를 온 가족도 있습니다. 그래서 이곳 초등학교에 학생이 늘어났다고 경사가 나기도 했습니다. 노인들만 있는 동네에 아이들 소리가 들리기 시작했답니다.

토목, 건축, 전기, 설계 감리, 식당 봉사자, 현장 보조 등 몸으로 일하시는 분들도 많았습니다. 자기가 갖고 있는 것을 바쳐서 섬긴 것입니다. 이 큰 일을 하는 데는 보이지 않는 작은 정성이 있었던 것입니다. 광야에서 굶주린 무리를 위해 보리떡 도시락을 바친 어린이의 헌신이 있었던 것처럼 주님만이 아시는 수많은 눈물 어린 보리 떡 도시락 같은 손길이 있었습니다.

감격

2012년 1월 첫 선교캠프를 할 때의 감격을 잊을 수가 없습니다. 대형 정화조 설치 문제로 마을 주민들과 마찰이 생겨 임시 사용

검사도 불가능했고 도저히 공사 기간을 맞출 수 없는 형편이었습니다. 그러나 하나님께서는 전례 없이 11월, 12월에 따뜻한 날씨를 주셔서 공사를 계속할 수 있었습니다. 하나님께서 강권적으로 역사해주셔서 무사히 캠프를 할 수 있었습니다. 캠프 때 마다 시설을 빌리느라 동분서주했는데 이제 비전센터 건물 중앙에 열방의 국기들이 휘날리는 모습을 보니 가슴에 품은 종족들이 돌아오는 것 같았습니다.

앞으로도 더 많은 시설과 일꾼이 필요합니다. 주님 오시는 그 날까지 10만 선교사 100만 군대가 일어나야 하고 또 일어날 것입니다.

이 공사가 이렇게 완공되기까지 기도와 정성과 물질로 도와주신 미주와 국내의 모든 성도님들에게 진심으로 감사드리며, 현장에서 더위와 추위를 몸으로 막으며 함께 일한 느헤미야 여러분에게 무한한 하나님의 축복이 넘치시길 기원합니다.

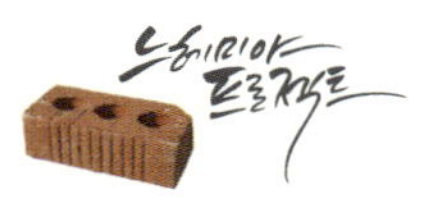

주가 쓰시겠다 하라

김준식 집사_구미

거절할 수 없는 부르심

> 이르시되 너희는 맞은편 마을로 가라 그리하면 곧 매인 나귀
> 와 나귀 새끼가 함께 매인 것을 보리니 풀어 내게로 끌고 오라
> 만일 누가 무슨 말을 하거든 주가 쓰시겠다 하라 그리하면 즉
> 시 보내리라 하시니_마 21:2-3

인터콥 구미 지부장을 섬기고 있는 저에게 설계 느헤미야로 섬
겨 달라는 요청이 있었습니다. 간사님들이 설계 느헤미야를 놓고
열심히 기도하다가 저를 찾아온 것입니다.

"지부장님이 열방기도의집의 건축 설계 느헤미야입니다."

　그러나 저는 피하고 싶었습니다. 상식적으로 건축비 한 푼도 없이 7천평이 넘는 건물을 짓는다는 것을 이해할 수 없었고 땅만 해도 2만 3천평이 넘는 어마어마한 공사이기에 세상 사람들은 "미친 짓이다"며 조롱할 게 뻔하다고 생각했습니다. 그래서 믿음이 없는 나는 이 프로젝트에 깊이 관여하고 싶지 않았습니다.

　더군다나 설계는 모든 과정 중에서 첫 단추라 할 수 있으며 매우 중요한 단계인데, 광주에서 맡아 시작하던 중이었고 2년을 끌어 오면서 모두가 지쳐 있는 상황이었습니다. 그러나 나는 거듭된 간사님들의 간청에 거룩한 부담감으로 거절을 할 수 없었고 "기도해 보겠습니다"라며 한 가지 부탁을 드렸습니다. 만일 정말 내가 하나님께서 부르신 느헤미야라면 함께 섬길 더욱 많은 사람들을 보내 달라며 기도를 부탁했습니다. 그러자 하나님은 정말로 많은 헌신자들을 보내 주시며 기도에 응답해 주셨습니다.

　그렇게 새로운 하나님의 역사는 시작되었습니다. 33년을 건축사로서 대학교수로 오랫동안 건축 설계에 몸 담고 있던 나에게는 전혀 생소한 듣도 보도 못한 '느헤미야 프로젝트'라는 새로운 하나님의 역사를 경험할 수 있었습니다.

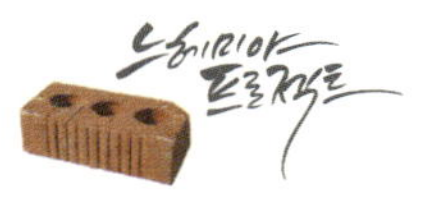

하나님이 예비하신 사람들

내일 일은 하나님께 맡기고 우리에게 주어진 일을 '믿음으로 순종하자' 는 마음으로 설계 느헤미야팀 다섯 명은 저희 사무실에 캠프(!)를 차리고 함께 동거를 시작했습니다. 건축허가에 관련된 행정적인 일들(지구단위계획, 교통영향평가, 환경영향평가, 개발행위, 농지전용, 산지개발, 산림훼손, 오수총량허가, 도시계획심의, 건축심의, 지하수개발, 소방협의, 건축허가 등)이 절차가 복잡하고, 어려움이 많아서 인간적인 노력만으로는 힘들었고, 어느 정도의 시간이 걸릴지 아무도 예측할 수 없었습니다. 하지만 누군가는 첫 헌신을 해야만 했고, 우리들은 기꺼이 순종하는 마음으로 나아갔습니다.

우리는 순종하고 하나님은 역사하신다는 것을 모든 심의 순간마다 경험하였습니다. 그 힘든 작업들이 축복의 통로라는 것을 알게 되었습니다.

울산에서 건축사로 있는 송현석 집사님과 지금은 선교지로 나가신 손베드로 선교사님을 비롯한 설계팀 다섯 식구들의 뒷수발을 싫은 내색도 하지 않고 묵묵히 도와준 아내도 하나님께서 미리 예비하신 느헤미야였습니다. 설계팀의 헌신을 시작으로 전기, 설비, 구조, 토목 등 각 분야의 헌신된 느헤미야들이 세워져갔습니다.

놀라운 하나님의 기적

열방기도의집은 일반 건축과 달리 많은 관련기관 및 부서와의 협의와 심의절차가 있어서 건축허가까지 얼마가 걸릴지 알 수 없었습니다. 그러나 건축설계에서 모든 심의를 거쳐 마지막 건축허가까지 단 5개월 만에 끝내는 믿겨지지 않는 놀라운 기적을 체험할 수 있었습니다.

심의 하나하나를 거칠 때마다 간사님들뿐만 아니라 전국의 기도 네트워크에 기도 요청을 하였습니다. 처음부터 하나님이 계획하신 일이라는 것을 심의가 거듭되면서 우리 모두가 깨달아 갔습니다. 그럴 때마다 머리가 섬짓 할 정도로 전율을 느꼈습니다. 심

의 때 마다 하나님께서는 고레스와 백부장 같은 사람들을 예비해 두셨고 그들을 통하여 일하셨습니다.

도·시청 관련 기관들의 심의 위원들은 우리 헌신자들의 이야기를 듣고 감동하기도 하였고, 한편으로는 아무런 대가도 받지 않고 섬기는 우리들의 모습을 의아해하며 민망해하기도 했습니다.

그러면서 인터콥이라는 단체가 어떤 단체인지 궁금해하기도 했습니다. 어떤 이들은 인터콥과 아무런 관계가 없었지만 지역과 나라, 나아가 모든 민족을 위하여 큰 일을 하는 단체라며 다른 사람들에게 소개해 주기도 했습니다.

저는 설계 느헤미야로 섬기기 전 사무소를 그만 두고 선교지에 나가려고 했으나 하나님은 열방을 회복시킬 선교전초기지인 이 열방기도의집에 저를 설계 느헤미야로 부르셔서 저의 달란트로 이곳에서 열방을 마음껏 섬기게 하셨습니다.

이 일의 시작단계인 땅 매입과 건축 설계 과정들과 공사 시공의 각 공정마다 어려움이 많았지만 기도와 헌신을 통해 하나님의 인도하심을 보면서 우리가 느헤미야 프로젝트에 참여한 것이 얼마나 축복인지 깨닫게 되었습니다.

믿음의 사람들

이 일이 시작되자 세계 각국에서 자신의 달란트나 물질, 기도로 헌신하는 수많은 느헤미야가 줄지어 일어나는 것을 보았습니다. 돈 한푼 없는 가난한 단체에서 어떻게 이 일을 이루어가는지 궁금해 하는 분들이 많이 있었고, 불신자 중에서도 이 프로젝트를 듣고 자발적으로 도와주기도 하였습니다.

구미 송정교회의 중직자들께서는 상주 열방기도의집 공사 현장을 방문한 후 특별 헌금하는 시간을 통하여 모금된 돈을 열방기도의집에 헌금하기도 하였습니다. 개척한 지 얼마 안 돼 어려운 가운데 있는 동안교회 목사님 부부는 자신의 금반지를 팔아 헌금하셨습니다. 그리고 아파트 해약금 중 일부를 헌금한 불신자, 열방기도의집 주변 땅 1,200평으로 인하여 공사가 지연되고 있다는 얘기를 듣고 그 땅값을 헌금하신 분, 또 결혼 축의금을 헌금한 간사님, 어려운 생활 중에 아내가 받은 상속의 일부를 헌금한 분, 암에 걸려 수술을 해야 한다는 의사의 말에 수술 날짜를 예약하고 선교지에 다녀온 후 더 이상 병이 번지지 않으면 수술을 하지 않아도

된다는 암 진단 결과로 보험금을 어린이 캠프를 위해 헌금한 분 등 구미 지역에서만도 자발적인 기쁨으로 이 일에 참여하시는 분들이 줄을 이어가고 있습니다. 아마도 헌금 이야기나 물질적 부탁 한 번 하지 않고 이런 역사를 이루어가는 공사 현장은 우리나라에서는 처음이요 마지막이 아닌가 하는 생각이 듭니다. **교회도 지역도 나라도 다 다르지만 비전 앞에서는 누구든지 하나가 될 수 있다는 것을 눈으로 체험할 수 있는 산 현장이 아닌가 생각합니다.**

착공에서 동별 준공까지 하나님의 일하심을 느낄 수 있었던 또 하나의 특별한 사건이 있었습니다. 2011년 12월 말 동별 준공을 앞두고 앞이 캄캄했습니다. 선교캠프를 일주일 앞두고 있었기 때문입니다. 집회를 해야 하는데 준공을 앞둔 공사 현장은 부족한 점이 많아 대기업 건설회사라도 최소 1, 2개월은 걸리는 공사입니다. 100% 자원자만으로는 도저히 1주일 만에 할 수 없는 공사였습니다. 그러나 이 어려운 상황의 소식을 듣고 전국에서 하루에 수백 명의 헌신자들이 자원하여 현장으로 몰려왔습니다. **대기업 건설회사도 몇 달이 걸릴지 알 수 없는 일을 일주일 만에 해냈습니다.** 그리고 예정대로 무사히 은혜 가운데 집회를 마칠 수 있

2011년 12월, 선교캠프를 앞두고 현장 보조로 섬기기 위해 모인 느헤미야들

었습니다. 그렇습니다. 하나님은 모든 것을 다 예비하시고 모든 것을 가능케 하시는 분입니다.

하나님을 누리는 기쁨

느헤미야 프로젝트는 어떤 한 사람의 헌신이나 돈 많은 부자나 능력 있는 자가 아닌, 하나님의 마음을 가진 심령이 가난한 모

든 사람들이 참여하고, 모든 지역·나라·교회의 사람들이 기쁨
으로 이루어가는 것입니다. 예수님을 알지 못했던 사람들도 이 일
을 섬기는 하나님의 사람들을 통하여 하나님을 만나고, 하나님의
크신 사랑을 경험하며 이 일에 동참하였습니다. 저와 설계 헌신자
모두가 이 일을 통하여 그 은혜의 기쁨을 누릴 수 있었습니다. 그
리고 우리뿐만 아니라 누구나 한 번씩 현장을 섬기면서 하나님의
일하심을 경험하며 그 영광을 바라보았으면 좋겠습니다.

Kingdom of God
건축사

송현석 집사_울산

2010년에 느헤미야로 헌신해 상주로 갔는데 벌써 2012년이네요. 1년간 헌신하기로 작정했는데 지금까지 하고 있으니 나의 힘으로 한 것이 아니요, 하나님의 능력으로 한 듯 합니다.

저의 본업은 건축사로 울산에서 건축사 사무소를 운영하고 있습니다. 약 1년 넘게 상주(上州)에서 상주(常住)하면서 섬기다 지금은 울산과 상주를 일주일에 한두 번씩 오가며 섬기고 있습니다.

헌신하게 된 동기는 2003년경 인터콥의 비전스쿨 훈련을 받으며 최바울 선교사님의 메시지를 듣고 1년을 하나님께 헌신하기로 한 서원기도와, 몇 해 전 건축사 시험을 준비하면서 건축사가 되면 '건축으로 주님께 영광 돌리겠습니다'라고 한 기도 때문입니다. 특히 서원기도의 부담감이 항상 저를 따라 다녔습니다.

2009년 초 열방기도의집을 상주에 건축하고, 건축 설계도 진행 중이라는 말을 듣고 '이제 짓는 구나' 라는 생각은 했지만 저와 상관없는 일이라고 생각했습니다. 그러던 중 7월경 하나님께서 상주에 지어질 열방기도의집에 헌신하라는 마음을 주셨습니다.

하나님께 영광 돌린다는 것이 좋은 교회를 건축하고, 헌금하는 것이 아니라 시간과 재능을 다 주님께 드리는 것이라는 마음을 주셨습니다. 그리고 열방기도의집에서 내가 할 수 있는 일이 무엇이 있을까 고민하다가 감리를 하면 되겠다는 마음을 갖게 되었습니다. 아내에게 하나님 주신 마음을 나누며 헌신에 대한 동의를 받았습니다. 저는 당시 나이 7살, 5살, 3살의 세 자녀가 있습니다. 집에서 아내 혼자 아이 3명을 키운다는 게 쉬운 일이 아닌데 기꺼이 허락해 주는 아내가 정말 고마웠습니다.

하나님의 선물

2010년 1월 가설 건축물을 지으니 열방기도의집 공사 현장에 오라는 요청을 받고 상주로 향하였습니다. 그리고 그해 4월에 구미의 김준식 지부장님 등 다섯 명이 한 팀이 되어 느헤미야 설계팀을 시작하였습니다. 열방기도의집을 직접 설계하고 싶은 마음이 있었던 저에게 하나님께서 선물을 주신 듯 했습니다.

저는 구미에서 지부장님 댁에 기거하며 지부장님 사무실에서 일을 하였습니다. 사모님과 지부장님께서 잘 해주셨고 특히 지부장님과 아침 큐티를 하면서 하루하루 하나님의 말씀을 먹을 수 있어서 정말 감사했습니다. 그 말씀 덕분에 힘들 때마다 말씀으로 이겨내며 끝까지 섬길 수 있었습니다.

오전 10시부터 오후 10시까지 하루 약 12시간 이상씩 설계 작업을 하였습니다. 약 5개월간 작업을 하면서 기쁨도 있었지만 힘들고 지칠 때도 있었습니다. 그 때마다 하나님께서 말씀을 통하여 격려해 주셔서 새 힘을 얻을 수 있었습니다.

그러나 9월쯤 설계팀 업무가 최고조에 다다랐을 때 너무 힘들어서 지금 내가 왜 이 고생을 하는지 의문이 들면서 하나님께 따졌습니다. 그러자 하나님께서 저의 힘듦을 다 아신다는 마음을 주시며 위로해 주셨고, 새 힘을 얻어 헌신하게끔 인도해주셨습니다. 솔직히 '감기 몸살이라도 걸리면 쉬기라도 할 텐데…' 하는 생각도 했습니다. 그렇지만 하나님은 저를 어떤 잔병 치레도 없이 지켜주셨습니다.

허가의 대로를 열어주시다

2010년 7월에 도시계획심의와 공동심의가 있었습니다. 하나님께서 급하셨는지 한 번에 통과되게 해주셨습니다. 보통 도시계획심의의 경우 한 번에 통과되기 어렵고, 재심의를 받는 경우 약 1년 이상 소모되는데 30분만에 기적적으로 통과된 것입니다.

공동심의 역시 한 번에 통과되었습니다. 그리고 8월 12일에 허가 접수를 하게 되었습니다. 약 2개월간 상주시청과 협의 끝에 10

월 1일에 그토록 기다리던 허가가 처리되었습니다. 솔직히 허가 접수시 우리의 부족한 점들이 있었음에도 불구하고 하나님께서 간섭해주셔서 고비고비마다 잘 해결되었습니다. 이렇듯 느헤미야 설계팀의 모든 일은 부족한 자들을 통하여 하나님의 섭리가운데 이루어졌습니다. 그리고 우리가 한 것은 순종밖에 없었습니다.

허가처리 후 얼마 지나지 않아 다시 현장으로 돌아왔습니다. 공사 착공신고 역시 보통 약 1주일이면 서류를 정리해서 시청에 접수 할 수 있지만 온전히 헌신할 업체를 찾다 보니 2개월 동안 준비하여 결국 11월 26일에 착공 접수하여 11월 30일경에 처리되었습니다. 착공 서류 역시 허가 때처럼 부족한 것들이 많았지만 하나님께서 간섭하셔서 처리케 하여 주셨습니다. 이제 공사를 위한 모든 행정적인 것이 다 처리되었고 느헤미야 시공팀이 건물의 뼈대를 세우고 살을 붙여 지어가면 되는 것이었습니다.

겨울이 지나고 봄이 되자 본격적인 공사가 분주히 진행되었습니다. 2011년 5월경 비전센터 2층 슬라브까지 공사가 진행되었을 때 현장을 둘러보다가 비전센터에서 드려지는 예배의 환상을 보았습니다. 수많은 사람들이 일어서서 찬양을 부르며 예배 드리는

✔ 2011년 5월 2층 슬라브 공사가 진행된 비전센터

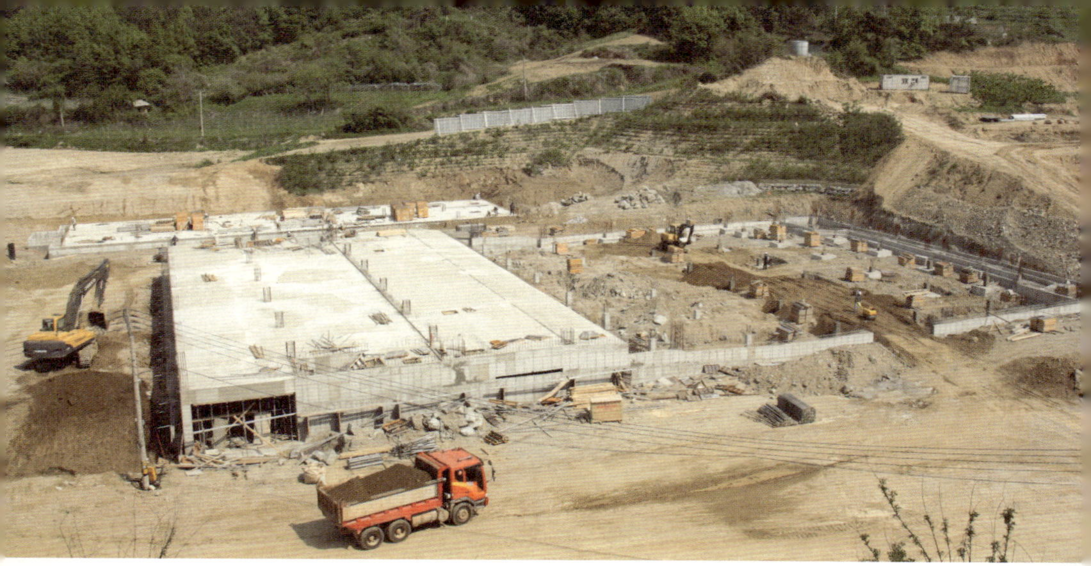

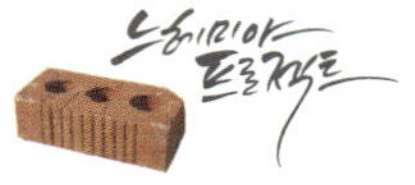

모습이었습니다. 참 감격스러웠습니다. 그리고 하루 빨리 그날이 오기를 기다렸습니다.

D-day 선교캠프

언제부터인가 연말 선교캠프를 상주 열방기도의집에서 하자는 말이 들렸습니다. 그럴 때마다 누가 또 이런 터무니 없는 말을 하

나 생각했고, 그 가능성에 대해서 물어 올 때마다 불가능하다고 대답했습니다. 왜냐하면 건물이 그 때까지 지어지기도 힘들었고, 행정적으로도 지구단위계획·교통영향평가·건축설계변경 등 많은 과정을 거쳐야 했고, 시간도 많이 걸리기 때문이었습니다.

2011년 중순경부터 현장 사무실 화이트보드에 선교캠프 D-day 가 적혀있는 것을 보았습니다. 그리고 그것을 위해 기도하는 모습을 보면서 도대체 아무 대책 없이 저러면 다 되는 것인가 싶은 것이 참으로 용감해 보였습니다.

그렇게 시간이 흘러 가을이 되었습니다. 불가능하다고 생각했던 것을 이제 실현되게 해야 할 때가 되었습니다. 선교캠프를 상주 열방기도의집에서 하겠다는 것이었습니다.

3천 명 이상이 모일 수 있는 캠프를 할 수 있는 장소를 구하기 너무 힘들기 때문에 우선 꼭 필요한 집회를 할 수 있는 비전센터와 느헤미야동만이라도 사용하여 선교캠프를 하자는 것이었습니다.

그래서 지금까지 변경 된 내용을 정리하여 설계 변경을 11월에 신청하였고, 약 2주 만에 처리되었습니다. 하나님께서 담당 공무원을 준비해 주셔서 저희에게 아주 협조적이었고, 비전센터와 느헤미야동이 다 지어지면 두 동에 대해서 동별 사용승인을 신청하는 것이 좋을 것 같다는 방법도 제시해 주었습니다. 하나님께서 사람을 붙여주시고 그 길을 준비해 주신 듯 했습니다.

12월이 되었습니다. 2012년 1월 2일부터 선교캠프를 하기 위해서는 느헤미야동과 비전센터가 늦어도 12월 중순에 다 지어져야 했고, 행정적인 절차를 거쳐 12월 마지막 주에 사용승인이 처리되어야만 가능했습니다. 많은 느헤미야들이 현장에 와서 섬겼지만 솔직히 이렇게 해서 사용승인을 받을 수 있을까 의심되었습니다. 공정상 불가능해 보였기 때문입니다.

그래도 다행인 것은 작업을 계속할 수 있도록 날씨가 좋았습니다. 저는 12월이 되면 현장 작업이 불가능할 것이라고 생각했습니다. 왜냐하면 제가 약 2년을 상주에 있었는데 12월부터 눈이 와서 다음 해 4월까지 그 눈이 녹지 않고 그대로 있을 정도로 추웠기 때문입니다.

열방기도의집 현장은 타임 스케줄대로 진행되지 않았습니다. 12월 첫째 주가 지났지만 현장은 여전했습니다. 둘째 주가 지났어도 어려워 보였습니다. 셋째 주가 되었습니다. 이젠 현장 여건

에 상관없이 사용승인을 준비하고 접수할 때가 되었습니다. 그냥 하나님께 맡길 뿐이었습니다.

생각지도 않은 오수처리시설(정화조) 용량이 법정 용량과 맞지 않아서 어려운 점이 있었지만 하나님의 은혜로 해결되었고, 소방 · 건축 · 전기 · 통신 · 가스 등 모든 분야에서 하나님이 간섭하시고, 사람들을 준비해주셔서

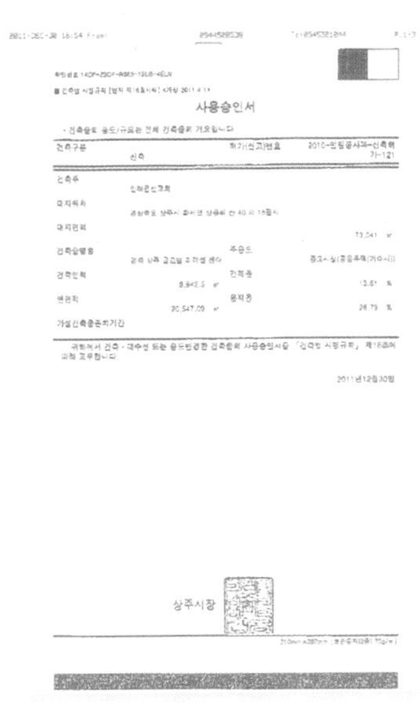

✔ 2011년 12월 30일 상주시청 종무식 직전 기적적으로 처리된 사용 승인서

문제없이 처리되어 12월 30일 오후 5시경 상주 시청 종무식 직전 비전센터와 느헤미야동에 대한 동별 사용승인이 기적적으로 처리되었습니다. 만약 이때 처리되지 않았다면 다음 해 1월 2일에 사용승인이 처리되어 선교캠프를 일정에 맞게 할 수 없었을 것입니다.

환상이 실제가 되어

2012년 1월 2일 그렇게 불가능하다고 생각했던 선교캠프가 상주 열방기도의집에서 열렸습니다. 예전에 보았던 그 환상을 떠올리며 캠프장으로 갔습니다.

열방기도의집이 어떻게 사용되고 있을지 너무 궁금했고, 예배 또한 기대되었습니다. 현장에 도착하여 사람들이 비전센터와 느헤미야동을 사용하는 것을 보면서 행복했습니다. 그리고 사용하는 데 불편한 점들은 없는지 한번 더 살펴 보았습니다.

특히 비전센터 3층에 있는 자모실이 적지 않은지, 예배 드리는 데 불편한 점은 없는지 걱정이 되어 찾아가 보았습니다. 좀더 넓었으면 좋았을 것이라는 아쉬움이 들었습니다. 그렇지만 그 곳에서 아이와 같이 예배드리는 모습이 아름다워 보였습니다.

2층 집회장으로 들어갔습니다. 수많은 사람들이 일어서서 찬양을 드리며 예배드리고 있었습니다. 제가 보았던 그 환상을 다시 보는 듯 했습니다. 너무 감격스러웠습니다.

상주 열방기도의집을 섬기면서 '아! 이 일은 하나님께서 하시

2012년 1월 여성남성시니어 선교캠프

는 구나! 느헤미야 프로젝트가 세상의 관점에서 불가능해 보이지만 부족함 많은 인생들을 통하여 하나님께서 행하고 계시는 구나'라는 것을 매순간 경험하였습니다. 그리고 설계부터 시공 사용승인까지의 흐름을 보면서 '하나님의 방법으로 하시는 구나' 하는 생각이 들었습니다.

12월에 비전센터와 느헤미야동의 사용승인 받는다는 것은 사실상 불가능한 일이었습니다. 현장이 사용승인 받기에 합당하게 다 준비가 되었다면 그렇게 기도하지 않았을 것이고, 저희 역시 경험에 의지하여 당연히 될 것이라고 생각했을 것입니다. 그 속에 역사하시는 하나님의 존재는 찾지 않았을 것입니다. 찾는다고 하더라도 형식적이었을 것입니다.

그러나 열방기도의집은 100% 하나님께서 사람을 준비해 주셨고, 하나님께서 일을 풀어 가시고, 하나님께서 주관하셨습니다. 우리의 부족함으로 의심도 하긴 했었지만 믿음으로 앞만 보고 나간 것밖에 없는 듯 합니다.

지금까지 저를 헌신할 수 있도록 이끌어 주신 하나님께 감사 드리고, 집에서 아이들 키우면서 힘들지만 크게 내색하지 않는 아내

와 아이들, 저를 위해서 기도해 주신 울산비전교회 윤재덕 목사님과 교인들, 그리고 현장에 같이 있으면서 이끌어주고 밀어주었던 모든 현장 느헤미야들에게 감사합니다. 그들과 같이 하지 않았다면 저는 중간에 포기하지 않았을까 싶습니다.

하자 많은 저를 사용하시고 열방기도의집을 섬기는 가운데 하나님을 더 알게 하시고, 불가능을 가능케 하시는 하나님을 더욱 깊이 알게 하시니 감사합니다.

믿음은 바라는 것들의 실상이요 보지 못 하는 것들의 증거니
_히 11:1

브살렐과 오홀리압의
마음으로

무명_ 대구

제가 상주 열방기도의집 공사 현장에 처음 왔을 때는 겨울이었습니다. 황량한 벌판에 작은 콘테이너 건물이 두 개가 있었으며, 느헤미야들이 묵을 공간이 없어 가설 숙소동 건물의 기초를 치고 짓기 시작했습니다.

직장에서 토목 현장 소장을 하며 협력회사에 지시하여 짓던 간단한 작업이어서 일주일만 삽으로 콘크리트 치고 벽돌을 나르는 등 잡부로 일하다 가려 했으나 어느덧 두 해가 지났습니다.

아내의 권유로 인터콥 선교캠프에 참석하여 열방에 아직 복음을 듣지 못한 많은 민족이 있다는 것을 알고 은혜 받아 잠시 일손을 도우러 왔다가 겨울을 몇 번이나 지내게 된 것이었습니다.

잊을 수 없는 콘테이너

상주 열방기도의집에서 추운 혹한의 겨울, 가설 숙소동 · 가설 예배당을 지으며 많은 느헤미야들이 하나님의 감동으로 와 있는 것과 그들의 눈물을 보았습니다. 특히 삽 한 자루 외에는 변변한 연장이 없어서 모든 것을 맨 손과 맨 몸으로 지어야 했던 가설 예배당! 지어진 후 함께 예배하던 날의 감격을 잊을 수가 없습니다.

콘크리트 타설을 앞둔 당시 12월 중순의 날씨가 영하로 내려가면 작업을 할 수 없었습니다. 그러나 하나님께서 상주의 날씨를 조절하셔서 전국이 영하권의 추위인데도 영상의 날씨 속에 무사히 콘크리트 타설을 할 수가 있었습니다. 처음에는 몇 분 되지 않은 현장 느헤미야와 기계 · 기구 · 기술도 없고, 심지어는 마스크조차도 없이 직접 벽돌을 붙이고 미장 작업을 했습니다. 그러니 그날의 감격은 이루 말 할 수 없었습니다.

지금은 현장 한쪽 구석에 있지만 이곳에서 혼자 설계도서를 만들고 고민하던 콘테이너 건물을 볼 때면 아직도 그 때의 기억이 잊혀지지 않습니다.

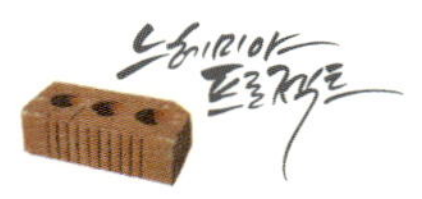

레미콘 타설을 마친 땅 위에 판넬을 올리기 직전의 가설 건축물(위),
지붕까지 완성된 숙소, 식당, 예배당으로 쓰인 가설 건축물(아래)

하루 종일 시멘트 가루 먼지를 머리에 뒤집어 씌고 부르튼 손으로 몸을 던져 일하며 격려와 용기를 주시던 집사님, 늦은 밤 현장에서 돌아와 작은 난로에 의지하여 잠을 청하던 집사님, 추운 겨울 작은 콘테이너에서 일하는 느헤미야들을 섬기기 위해 찬물에 여린 손으로 밥과 반찬을 하며 느헤미야들을 주님 대하듯 섬긴 자매님, 사회에서는 엘리트지만 직장을 잠시 접어두고 왔기에 가진 재능을 발휘해 보려고 무척이나 애쓰던 느헤미야, 건물을 제자리에 앉혀 두기 위해 현장에서 위치 측량할 때 가녀린 몸으로 힘을 다해 산에 올라갔다가 뱀을 만나 정신 줄을 놓고 울며 혼자 내려오던 자매님, 토공량을 구하기 위해 풀숲이 우거진 넓은 땅을 헤매며 한낮에 뜨거운 더위에 불평 한마디 없이 기쁨으로 주님을 찬양하던 간사님, 예배가 드려지고 모두가 떠난 건물에서 온갖 쓰레기를 청소하며 기뻐하던 집사님, 온갖 궂은 일을 마다 않던 간사님 등 모두 하나님께 부탁하여 상 주고 싶습니다.

브살렐과 오홀리압과 같은 자

사회에서는 성공의 길을 걸으며 안정적인 자리에 있었지만 하나님과 멀어져 양심으로부터의 고통이 있어 찾아간 기도원에서 하나님께서 '반드시 너를 쓸 것이며, 너를 인도하실 것이다'라는 말씀을 주신 적이 있습니다. 매일 새벽 예배 때마다 이 말씀을 붙들며 하나님께 나아가던 중 출애굽기 36장 1절의 브살렐과 오홀리압과 같은 자가 되라는 마음을 주셨습니다.

브살렐과 오홀리압과 및 마음이 지혜로운 사람 곧 여호와께서 지혜와 총명을 부으사 성소에 쓸 모든 일을 할 줄 알게 하신 자들은 모두 여호와께서 명령하신 대로 할 것이니라_출 36:1

상주 현장에 지내며 선교훈련도 받고 파키스탄으로 단기선교도 다녀왔습니다. 파키스탄 현지에 계신 선교사님이 저에게 손을 얹고 기도하면서 "주님이 저를 쓰겠다"고 하실 때 감격스러워 뜨거운 눈물이 흘러내렸습니다. 여기까지 오기 위하여 내 삶을 준비하여 두셨다는 것을 깨달았습니다.

나를 세워 가신 하나님

사계절을 보내고 건물 위치를 잡아둔 후 본 공사 준비를 할 때 저는 상주에서의 생활을 정리하고 두고 온 직장에 복귀하려 했습니다. 그러나 회사는 파산에 가까웠으며 가정 경제는 어려워졌습니다. 하나님께서 모든 것을 내려 놓고 열방기도의집을 섬기기를 바라는 것 같았습니다. 그러나 예배당에서 새벽마다 하나님께 눈물 흘리며 이곳을 떠나게 해달라고 애원하였습니다. 그렇게 또 1년이 지났습니다.

사회에서 목이 곧고 뻣뻣하던 제 자신이 쉽게 변하지 않고 오히려 가시가 되어 저를 괴롭게 했습니다. 그것은 1년 동안 본 공사가 진행되면서 '기술사' 라는 자긍심으로 현장을 지휘하고 회사의 부서를 통솔하던 제가 토목이 무엇인지 모르고, 말도 못 알아 듣는 간사님을 설득하고, 비전문가인 느헤미야가 위험성을 무시하고 일할 때는 저도 모르게 불평하며 괴로웠습니다.

내가 왜 여기에 있느냐고 자신에게 '미친 자'라고 말하며 떼를 쓰며 기도했습니다.

"하나님이 지으세요! 나는 모릅니다!"

제가 가진 경험과 지식으로 도저히 이해되지 않는 상황 속에서 때로는 '전능하신 하나님께서 건물을 붙잡고 계시다'는 소리를 듣게 하셨습니다. 모든 일은 하나님이 행하시며 진행하신다는 것을 알게 하셨습니다. 어리석은 제가 크고 위대하신 하나님을 인정하지 않았던 것입니다.

하나님께서는 기술자로서 부족함이 없게 기술사라는 자격증을 더해 주시며 저를 통하여 일하셨습니다. 크신 하나님을 찬양하며 감사드립니다.

삶이 회복되는 자리

열방기도의집이 세워지기까지 각 분야에서 헌신하신 많은 분들이 계십니다. 그 분들을 다 알지는 못하지만 이곳 열방기도의집에 와서 눈물로 씨앗을 뿌리며 하나님 한 분만 바라보고 일하시던 느헤미야, 삶을 잠시 접어두고 헌신하며 주님이 다시 오시

기를 간구하던 느헤미야, 주님은 그들을 축복하시며 영혼을 풍성
하게 하셨습니다. 이곳 열방기도의집은 섬기는 곳이 아니라 오히
려 삶이 회복되는 자리입니다.

느헤미야! 그들은 하나님이 보내셨으며 기쁨으로 사역을 감당
하며 찬양으로 하나님께 자신의 삶을 드리며 영광 돌리는 자입니
다. 그리고 하나님의 부르심을 받고 주님 오실 때까지 그 길을 가
는 자입니다.

순종의 기름부음

김수철 집사_진주

할렐루야! 공사 막바지에 접어들어 간증을 하려고 하니까 지난 몇 개월 동안의 일들이 주마등처럼 스쳐 지나갑니다. 아무 볼 품 없는 저에게 열방을 회복할 열방기도의집 느헤미야로 불러 주신 하나님의 이름을 찬양합니다.

나에게 하시는 말씀일까?

아내의 권유로 선교 훈련을 받으면서 인터콥을 알게 되었습니다. 첫 1주차 훈련을 받고 월드미션 예배에 갔는데 그때 선교사님으로부터 들은 말씀은 지금도 생생하게 남아 있습니다.

"하나님께서 아브라함에게 본토, 친척, 아비집을 버리고 내가 지시하는 땅으로 가라 했을 때 그는 즉시 순종했습니다. 그러므로 여러분도 하나님께서 명령하실 때 즉시 순종하십시오."

'즉시 순종!'을 얼마나 큰소리로 많이 강조하던지 뭐라도 순종할 게 없나 생각하게 할 정도였지요. 그리고 전기 느헤미야를 구하는 광고를 보면서 방금 설교한 내용이 강하게 저를 두드리는 것을 느꼈습니다. 그리고 집으로 돌아오면서 아내에게 말했습니다.

"즉시 순종하라는데 전기 느헤미야 구하는 광고가 나한테 하시는 말씀일까?"

그랬더니 아내는 당연히 즉시 순종해야 한다는 것이었습니다.

다음 날 새벽기도 시간에 부담스런 마음을 하나님께 올려드리고 집으로 돌아와 상주 현장으로 전화를 걸었더니 한번 와보라는 말에 즉시 올라갔습니다.

그때 현장 상황은 건축은 계속 진행되고 있었는데 전기 부분이 따라가 주지 못하는 상황이었습니다. 그래서 제가 아직 훈련 1주차만 받은 데다가 선교가 뭔지는 잘 모르지만 하나님의 일이 사람

이 없어 더디 되고 있음을 지나칠 수 없다는 마음이 강하게 저를 지배했습니다. 그래서 내가 감당하겠다는 대답을 하고 도면을 받아 내려왔습니다. 그리고 지금은 가족이 함께 상주 공사 현장 근처로 이사를 와서 함께 살고 있습니다.

아내는 처음엔 경제적인 문제로 이사 오는 것을 반대했지만 아브라함이 갈 바를 알지 못했지만 즉시 순종했을 때 인도하심을 받지 않았냐고 믿음으로 이사를 권유했더니 믿음으로 따라 주었고, 이사 온 집도 전에 살던 집보다 더 넓고 좋은 집을 주셨습니다.

오직 믿음

현장에선 캠프 전까지 공사가 마무리되어야 한다고 했습니다. '앞으로 우기와 추운 겨울 날씨도 있는데 과연 가능할까?'

그러나 여기선 오직 믿음만 존재할 뿐이었습니다. 아무런 재정도 없이 열방회복을 원하시는 하나님의 마음만을 가지고 오직 믿

음으로 이 거대한 프로젝트를 시작하는 것은 인간적으로 볼 때
대단한 모험으로 보였습니다. 저 같으면 겁이 나서 못했을 것입
니다.

매일 저녁 열방을 올려 드리며 기도하고 공사에 필요한 부분들
을 구할 때, 하나님께서 신실하게 그날 그날의 필요를 다 채워주
시는 경험을 매일하게 되었습니다. 요즘 철근, 레미콘을 비롯한
모든 공사 자재들의 가격이 얼마나 올랐습니까? 그러나 하나님께
는 10원이나 10억이나 아무런 차이가 없었습니다. 그 어떤 인간
적인 계산이나 잣대를 원하지 않고 오직 "하나님께서 하십시오!
홍해를 가르십시오! 저희는 따라갑니다!" 하고 믿음의 발을 거침
없이 내딛는 것을 원하고 계심을 깨달았습니다.

공사를 하다 보면 설계가 자주 변경됩니다. 그럴 때마다 건축이
나 전기, 설비 등의 도면도 변경되어야 하는데 재정이 없다보니
비싼 돈을 주고 일일이 변경해야 하는 설계도면을 공급 받을 수
없어 우리가 직접 도면을 그려가며 일을 하기도 했습니다.

공사에 가속도가 붙으면서 많은 양의 자재가 본격적으로 필요
할 때가 되었습니다. 예정된 선교캠프의 D-day는 잡혀져 있고 공

사 일정은 촉박하
고 필요한 날짜에 자
재도 들어와야 하는
데…. 긴장하는 마음
으로 기도하며 기다
리고 있는 어느 날,
자재를 가득 실은 차

자재를 가득 싣고 현장으로 들어오는 차들

량이 들어왔습니다. 위축되려 했던 팀원들의 사기가 충천되기도
하였습니다.

헌신의 시간들

많은 분들의 옥합을 깨뜨리는 헌신을 통해 또 특별히 서울 시니
어팀과, 예광전력 대표 김영섭 장로님의 헌신, 전등을 감당해 주
신 진주지부 공동체 등 전기 공사가 어려움 없이 잘 진행될 수 있

게 해주신 하나님의 신실하심에 감사드립니다.

더운 여름 가만히 있어도 땀이 흐르는 폭염 속에서 팀원들이 하루 종일 일하고 저녁이 되면 밥 먹을 힘까지 없을 정도로 기진맥진하였습니다. 레미콘 타설 작업을 할 때는 배관작업을 미리 해둬야 하는데 공사량이 많다 보니 전날 다 마무리하지 못하는 경우가 많았습니다. 그래서 타설 당일 새벽에 일찍 일어나 마무리를 해야 하다 보니 팀원들이 아침 식사를 거를 때도 있었습니다.

또 겨울엔 무척 추운 곳이라 동상에 걸리기도 하고 감기나 허리 통증 등 여러 가지 어려운 부분들도 있었습니다. 그러나 이런 상황 속에서 아무도 불평이나 원망하며 뒤로 물러서는 모습이 없었

▼ 비전센터 전기 배선 작업

고, 오히려 우리의 작은 헌신이 신속한 세계복음화를 앞당길 수 있다는 마음에 더 헌신하여 일하지 못한 것에 대한 아쉬움을 불러 일으키게 했습니다.

오직 기도!

2012년 1월 2일 선교캠프를 위해 임시 사용승인을 받아야 했습니다. 시간이 많지 않았기 때문에 한정된 시간 속에서 확보된 자재로 인력 배치나 공정 조절 등 하나님의 특별한 지혜가 많이 필요했고, 특별히 날씨에 따라 공정 진행속도가 달라지기 때문에 제가 살아오면서 이 때 만큼 날씨에 많이 예민해 본적도 없었던 것 같습니다. 그래서 특별히 날씨를 위해 참 많은 기도를 했습니다.

결국 열방회복을 향한 하나님의 열심으로 상주시청 종무식 직전에 사용승인을 받는 기적으로 선교캠프가 열렸고 캠프 기간 저희 전기팀은 교대로 낮엔 일하고 저녁엔 비상 대기하며 무사히 캠프를 치를 수 있게 되었습니다.

돌아보면 우리가 한 것이 하나도 없다는 생각이 듭니다. 하나님께서 천사들을 보내 주셔서 몰래 다 하신 것만 같은, 우린 크게 한 게 없는 것 같은데 기적의 홍해를 건너온 것만 같습니다. 하나님께선 저에게 일만 시키신 게 결코 아니었습니다.

공사기간 내내 기도 없인 그 어떤 일도 진행시키지 않으시는 하나님을 경험하며, 나 자신이 기도의 집이 되길 원하시며 기도의 집으로 만들어 주셨습니다.

하나님의 공급

경제적인 어려움이 올 때도 있었습니다. 그래서 2011년 3월부터 아내에게 생활비를 한 번도 주질 못했습니다.

그때 사탄은 우리로 하여금 염려 · 불안 · 두려움뿐만 아니라

하나님을 원망하는 마음이 들게 하였으나, 결코 이런 마음들은 하나님께서 주시는 마음이 아니란 걸 깨닫게 하시며 찬양과 감사 기도를 하게 해주셨습니다.

열방기도의집에 필요한 모든 것을 공급하시는 하나님께서 우리 가정의 필요도 아시고 동일하게 공급하시리라는 믿음이 생겼고, 때를 따라 어떤 통로를 통해서든지 우리의 필요를 채움 받는 은혜를 지금도 경험하고 있습니다.

더불어 하나님께서 저희 아내에게도 은혜를 많이 부어주셔서 철야로 밤을 파수하는 기도의 자리로 인도해 주셔서 말할 수 없는 하나님의 깊은 은혜를 체험하고 있습니다

저는 믿음이 떨어진다 싶을 때 열방기도의집에서의 공사 현장을 떠올릴 겁니다. 제가 현장에서 두 눈으로 똑똑히 보고 경험한 하나님의 역사이기 때문입니다. 저는 장래 일에 대한 두려움이 없습니다.

열방기도의집을 통해 신속한 세계복음화를 꿈꾸며 갈망합니다.

할렐루야! 모든 영광 하나님 받으십시오!

광야를 지나는 백성

강영균 집사_마산

새벽 6시면 일어나 식사를 하는 현실이 가끔 힘들다고 여겨질 때쯤 첫눈이 내린 기억이 난다.

'그땐 바람이 일었을 것이다. 강한 바람, 그것도 아주 거대한 바람이…. 바다를 가르며 물을 어항처럼 가두기 위해선 엄청난 바람이 불었을 것이다. 그런데 사람이 안 날라가다니….'

상주 열방기도의집 공사 현장에 차를 몰고 올라 올 때면 매일 그렇게 내 안에는 바람이 일었다. 차 안에서 찬양을 틀면 그 찬양이 나를 허물었고, 내 안에 조그마한 목표를 세우면 매일 매일 주님께서는 그것들을 철저히 허물어 버리셨다.

낮에는 업체, 목수, 느헤미야 등 현장에서의 여러 가지와 씨름을 끝내고 나면 저녁 시간은 간사님들과의 씨름이 이어지고, 그 시간은 주로 내가 아는 저렴한 지식들을 간사님들에게 알려주는 시간이었던 것 같다. 그 시간을 통하여 난 또다른 벽에 부딪히며 언성을 높이고 또 무너졌다.

하루는 인테리어 담당 간사와 새벽까지 이야기를 나눈 적이 있다. 그날 나는 이런 이야기를 한 것 같다.

"이 프로젝트는 수 천 년 전에 있었고, 우리를 통해 주님이 이런 프로젝트를 지금 진행하고 계신다. 머지 않아 주님 오실 것을 바라는 우리의 프로젝트지만 앞으로 몇 천 년 후에도 이런 프로젝트는 없을 것이다."

현장의 '바로 왕' 들

현장에 여러 업체들이 들어왔다. 여러 업체들 중 내부 인테리어에서 가장 중요한 곡면형 흡음 천장(음향을 위하여 최적화된 공

간)과 벽면 작업을 본부로부터 계약하고 내려온 한 업체를 잊을 수 없다. 업체 선정의 요건 중 가장 중요한 것은 공사 기간이었다. 이 업체가 900평의 천장을 15일 이내에 할 수 있다고 해서 선정되었다는 것이다.

하지만 그 업체가 마감을 한 기간은 무려 45일, 3배가 넘는 시간을 쓰고도 아직 현장에 머물고 있는 것을 보았다. 나도 13년 정도를 이 일에 종사했지만 이런 업체는 듣지도 보지도 못한 업체다. 그리고 그 업체의 하도급으로 들어온 업체는 더 가관이었다. 마지막 결산을 두고 가스통을 들고 들어와 같이 죽자는 것이었다.

정말 모든 공정 하나 하나 편안히 넘어 간 적이 한번도 없었다. 정말 형언할 수 없고 세상적으로 보면 말도 안 되는 상황들이 펼쳐지고 그 속에서 나는 또 무너지고 무너졌다.

정말 하이라이트는 천장 뿜칠이었던 것 같다. 천장 칠을 하고 천장 작업을 위해 바닥을 이루었던 비계 발판을 모두 철거한 며칠 뒤 밤새 천장의 칠들이 바나나 껍질처럼 다 벗겨져 버린 것이다.

'정말 하자라는 하자는 다 나는구나'라는 생각이 들었다. 이런 상황에서 아무것도 할 수 없는 나를 하나님은 왜 쓰시는지…. 비

비전센터 집회장 천장 보수작업

전센터 집회장을 나오며 나와 마주친 신동일 총무의 눈에도 눈물이 맺혀 있었다.

건축 공정이란 먼저 설계와 계획을 세우고 재정을 확보한 후 공사가 들어간다. 일반적인 방법으론 말이다. 하지만 여기 열방기도의집 건축은 가장 중요한 재정 없이 공사가 이루어졌다. 예산을 산출하면 하나님께 기도하고 기도를 통해 주님이 주시면 진행하는 것이다. 재정이 없으면 하나님이 주실 때까지 무작정 기다려야만 하는 것이다.

지금 생각이지만 이런 방식을 통해 한번만 더 건축을 하라고 하면 오래 살지 못할 것 같다는 생각이 든다. 정말 주님이 주시지 않으면 한걸음도 나가지 못하는 것이다. '주님의 시기' 바로 그것이다. **주님께서 허락하지 않으시면 못 하나조차도 박을 수 없었다.**

우리가 목표했던 2012년 1월 선교캠프 왕의 군대 출정식을 향해 시간은 계속 달려가는데, 우리가 세운 수많은 타임 테이블은 넘어지고 또 무너졌다.

어느 날 정말 캠프가 불가능해질 것 같은 그 날 신동일 총무와 간사들의 회의가 있었다. 이야기를 시작하는 신총무의 상기된 얼

굴과 입술을 통해 나온 말은 이미 우리는 캠프가 불가능해진 상황
이라는 것이다. 모든 게 무너지는 순간이었다. 그 말을 들은 나와
간사님들은 앉아서 그냥 눈물만 뚝뚝 흘릴 뿐이었다. 그날 정말
젖먹이 아이 이후로 가장 많이 운 것 같았다. 주님께선 나와 우리
에게 어렵게 이야기하고 있는 것 같았다.

"영균아. 니가 할 수 있는 것은 아무것도 없다."

하지만 그 모든 좌절과 연단의 시간을 지나오며 느낀 것은 내가
한 순간도 왕의 군대 출정식을 못할 거라고 진심으로 의심한 적이
없다는 것이다.

대부분의 사람들은 내 인생의 주인은 나라고 착각하며 살아가
고 있다. 그리스도인들도 마찬가지로 그런 착각을 깨지 못하고 살
아간다. 그러다 문득 좌절의 순간이나 역경을 통해 오는 주님의
메시지와 우리 영혼의 신음을 들으며 깨닫게 되는 것이다.

짧은 4개월 정도의 시간이지만 모든 공정이 광야와 같은 모든
상황을 다 겪고 나서야 완성되었다. 하지만 주님께선 우릴 너무
사랑하신다는 생각이 든다.

나처럼 죄 많고 어그러진 모양의 영혼을 불러 주님이 원하시는

모양으로 다듬으시고 거기에 세우시며 혹시 주님을 떠난 모습으로 일을 진행할까 봐 항상 고난과 역경 속에 두시어 우리 안에 어떤 우상도 절대 허락하지 않으셨다. 또 매일매일 많은 문제 속에 피곤함조차 느끼지 못하게 하시는 하나님의 배려가 있었다.

신(新) 광야

　서 있는 건물을 바라볼 때 주님께서 이런 마음을 주신 적이 있다. 저기 서 있는 열방기도의집은 우리의 이야기이고 바로 그분의 이야기인 것이다. 언제인가 다른 사람들이 귀납적인 접근을 통해 이 건물을 바라본다면 우리의 때, 우리의 상황을 가장 잘 보여주는 한편의 역사서가 아닐까? 바로 우리를 통한 그분의 역사 말이다.

　지금 나는 가나안에 도착하지 못했고, 오늘도 구름기둥과 불기

둥 속에서 그것들이 내 주위에 있다는 사실을 순간 순간 잊으며
만나와 메추라기를 먹으며 살아가고 있다.

춤추며 찬양하는
나는야 도배 느헤미야!

박해순 집사_기장

할렐루야! 800만 그리스도인 중에 하나님의 복음의 전초기지를 도배 느헤미야로 섬기게 하신 하나님을 찬양합니다.

하나님은 경기도 인천에서, 전라도 익산에서, 충청도 대전에서, 강원도 원주에서, 경상도 대구에서, 부산 기장에서 한 사람씩 선택하셔서 너무나도 멋진 도배팀을 만들어 주셨습니다.

얼떨결에 저를 도배 팀장으로 섬기게 하시고, 특별한 은혜를 부어주셔서 모든 분들이 하나같이 다윗처럼 기쁨으로 춤추고 찬양하며 일을 하게 하셨습니다. 말 그대로 우리 팀은 '춤추며 찬양하는 도배팀'이었습니다.

느헤미야동 1층의 작업해야 할 공간이 높이 270cm, 길이 14m

춤추고 찬양하며 작업하는 도배 느헤미야

나 되었습니다. 우리의 작업 여건으로는 천장 작업이나 모든 상황들이 어려웠음에도 불구하고, 하나님께서는 우리에게 그 작업을 할 수 있는 능력을 주셨습니다. 우리는 합심하여 앞에서 잡아주고 뒤에서 정리하며 그 일을 마무리 했습니다.

능력 주시는 자 안에서 모든 것을 할 수 있느니라_빌 4:13

현장의 환경이 워낙 열악해서 야간 작업 중에는 전기가 공급되지 않는 상황이었지만, 야간 작업을 강행했습니다. 그러나 누구 한 사람 불평하지 않고, 오히려 기쁜 마음으로 팀장님 말에 순종해야 한다며 부족한 저에게 힘을 주었습니다.

야간 작업을 하다가 전기가 나가면 우리는 작업대 위에서 벽지를 잡은 채, 전기가 들어올 때까지 찬양을 드렸습니다. 길게는 30

분 이상 전기가 공급되지 않았지만, 찬양을 계속 드리다 보면, 전기가 들어왔습니다. 이렇게 전기가 공급되다가 나가기를 반복하며 기쁨과 감동으로 주를 섬기게 하셨습니다.

이런 저희들의 모습이 상상이 되시나요? 저녁에는 녹초가 되어 너무 힘들어 하면서 '과연 내일 일을 할 수 있을까?' 하고 생각하지만, 하나님은 밤새 다시 저희를 회복시키셔서 아침에 일어나 다시 일할 수 있는 힘을 주셨습니다.

인천의 한 집사님은 선교 훈련을 받지 않으셨는데도 딸의 권유로 함께 동참하셨습니다. 하나님께서 은혜 가운데 일하시는 것을 느끼게 되었고 하나님께서 가장 기뻐하시는 뜻에 따라 살기 원한다며 선교 훈련도 받고 싶다고 했습니다. 그리고 함께 섬기는 동안 너무 기쁘고 행복했다며, 다음에도 꼭 다시 불러 달라며 부탁하셨습니다.

밤 10시까지 야간 작업도 기쁨으로 섬기는 우리 도배팀 느헤미야를 각 지방에서 골고루 뽑아서 귀한 사역을 감당하게 하셔서 감사합니다. 또한 이 하나님의 특권을 부족하고 연약한 여인들에게 허락하신 주님께 감사와 영광을 돌립니다. 우리 하나님은 정말 대단한 분이시고, 그 능력은 정말로 무궁무진하신 분입니다.

느헤미야동 모든 장판도 두 사람으로 일을 마치게 하셨습니다. 그저 나의 마음만을 드렸을 뿐인데 그 일을 하나님은 가능케 하셨습니다. 정말 기적과 같았습니다.

그렇게 많은 장판을 계속해서 시공할 수 있었다는 것…, 그 겨울에 여자의 몸으로 그것도 50대 중반인 제가 느헤미야동 장판을 두 사람만으로 시공하게 하신 하나님…. 그 감격을 정말 무슨 말로 표현해야 할지 모르겠습니다.

"지으신 이도, 부르신 이도, 보내신 이도, 나의 나된 것도 주님의 은혜라"는 찬양이 계속 나왔습니다.

✔ 두 사람만으로 느헤미야동 1층 장판을 시공중인 느헤미야

벼랑 끝에서 만난 하나님

2년 전만 해도 저는 세상에 아무런 소망이 없었습니다. 이유 같지 않은 이유로 교회와 멀어지기 시작하면서 제 삶에서 예배가 사라지고 교회를 떠나 세상 사람들과 어울리며, 사업을 한다는 명분으로 술, 노래방 등 세상 향락에 취해 있었습니다.

어느 순간 저는 벼랑 끝에 서 있는 모습을 발견하게 되었습니다. 사단은 저를 죽음으로 유혹했습니다. 최선을 다하며 열심히 살았다고 자부하며 큰소리 치던 나의 모습에 손가락질하며 비웃는 주위 사람들의 모습을 상상하며 자살을 생각하게 됐습니다. 나만 바라보고 있는 우리 아이들을 보면서 한없는 눈물만 흘러내렸습니다. 후회해봤자 아무것도 제자리로 돌려 놓을 수 없는 나의 모습과 상황들….

당시 보증을 잘못 서서 사기를 당하고 살던 집도 다 날아가버렸습니다. 무일푼으로 절망적인 상황 속에 저의 억울한 마음을 방송국과 청와대, 검찰청으로 유서를 띄우기로 마음먹고 준비하던 중 하나님은 다시 제 손을 잡으며 다가오셨습니다.

"하나님! 처음 사랑을 회복해 주세요!"

간절히 매달릴 때 주님은 차츰 저를 회복시키시며 2010년 아는 집사님을 통해 인터콥에서 열리는 선교캠프와 선교훈련으로 저를 인도해주셨습니다. 저를 향하신 아버지의 뜻을 알고자 훈련 기간 동안 온 몸과 마음을 다해 훈련을 받았습니다. 그리고 주님께서는 열방을 향한 아버지의 마음을 부어주시며 선교에 헌신케 하셨습니다.

저는 보증금 한 푼 없이 20만 원짜리 월세 집에 살고 있고, 금붙이도 없고 그저 날마다 하나님께서 공사를 허락하시면 일을 해서 하루하루를 살아야 하는 사람으로, 3남 3녀의 자녀를 둔 가장이자 주부이며 엄마이자 여자입니다. 이스라엘 민족의 광야 생활같이 아침마다 주시는 만나로 살아가는 저는 쉬어서도 안 되며, 아파서도 안 되었습니다. 그런 저에게 하나님의 비전을 알게 하시고 섬길 수 있는 믿음과 결단력을 주셨습니다.

만나의 행복

하나님께 열방기도의집 벽지 대금 일부를 약속한 금액이 있었습니다. 5구좌를 먼저 드리려고 열심히 모으고 있던 중 저희 큰 아들이 결혼을 하게 되었습니다. 제대로 엄마 역할도 하지 못했는데, 사실 이 돈을 아들 결혼 비용으로 주고 싶은 유혹이 강하게 왔었습니다. 그러나 저는 아버지께 이렇게 기도했습니다.

"제 형편과 처지 다 아시는 주님! 저는 이 유혹을 뿌리칩니다. 주님! 지금까지도 지켜주셨고, 앞으로도 주님이 책임지실 것을 알기에 주님의 약속에 따르겠습니다. 아들은 주님이 알아서 책임져 주세요!"

그리고 열방기도의집 벽지 대금으로 5구좌를 보냈습니다. 마음이 너무 평안했습니다. 아들은 저에게 다 준비되어 있으니 아무 걱정 말라며 오히려 저를 위로하였습니다. 그리고 저는 겨우 100만 원만 들이고 아들 결혼을 무사히 마쳤습니다. 아들과 며느리는 동생들 공부시키는 것도 힘들 텐데 몇 십만 원만 주시지, 너무 많이 줬다며 오히려 잘 쓰겠다고 몇 번이나 감사하다고 했습니다.

주위 사람들이 묻기를 그렇게 많은 애들을 어떻게 키우냐고 묻습니다. 그리고 어떻게 공부시키느냐고 묻습니다. 하나님께서 하셨습니다. 저는 정말 하는 일이 없습니다. 모두 주님이 하셨습니다. 주님이 다 하신 일인데, 제가 칭찬을 받습니다. 저를 내려놓으니 주님께서는 저를 높이시더군요.

날마다 주님이 주시는 만나가 오늘도 계속됩니다. 주시는 만나에 만족하며 또 건강까지 주신 하나님 아버지께 감사드립니다. 아버지가 저를 통하여 이루어 가실 열방 저 곳에 '기도하며 돕는 선교사'로 나아갈 그 날을 기대합니다. 할렐루야!

하나님의 방법은
우리의 기도!

이현태 집사_안양

먼저 저의 전부가 되신 하나님 아버지께 영광을 올려 드립니다. 제가 '이 간증문을 쓸 자격이 있을까?' 스스로 물어보면 아무리 생각해도 아니라는 대답밖에 할 수 없습니다. 그래서 출판 담당 간사님의 간증문 요청 전화가 오면 이런저런 핑계로 거절했습니다. 하지만 절대 포기하지 않으시더라구요. 저를 향한 하나님 아버지의 마음도 그런 마음이었나 봅니다.

"넌 내거야! 절대 널 포기하지 않아!"

저는 원래 선교에는 아무런 관심이 없었습니다. 인터콥에서 하는 '비전스쿨'이라는 선교훈련을 받아보라고 아내가 권유했을 때 처음에는 '스쿨'이라는 단어가 정말 싫었습니다. 지긋지긋한 학교생활이 떠올랐기 때문입니다. 그런데 첫 수업은 오픈 강의로 진행되니 훈련비를 내지 않아도 된다는 말에 그냥 한번 참석한 것이 12주간의 훈련으로 이어지고 마침내 제 안에 변화가 찾아왔습니다.

'내가 복음을 듣고 예수님을 영접하기까지 그 누군가가 십자가를 지는 헌신이 있었구나!'

그리고 아직도 열방에 복음을 듣지 못해 죽어가는 많은 영혼들의 소식을 들으며 하나님께 간구했습니다.

"하나님! 저를 복음을 전하는 도구로 사용하여 주십시오!"

그리고 이 기도를 끊임없이 계속 주께 아뢰게 되었습니다.

그렇게 기도하던 2010년, 상주에 열방을 위해 기도하고 선교사를 파송할 열방기도의집이 각 분야의 달란트를 가진 헌신된 느헤미야를 통하여 건축된다는 소식을 듣고 제가 가지고 있는 달란트를 주님께 올려드리게 되었습니다.

처음 느헤미야로 헌신 할 때에는 제가 가진 것 중에 제일 작은 것을 드렸습니다. 소방 공정 중에 소방 공사, 소방감리, 방염 파트

가 있는데 열방기도의집은 시공 비용이 크게 산출되는 큰 규모의 공사였습니다. 그래서 저는 제가 할 수 있는 일중에 소방감리만 하려고 했습니다. 그러나 전기 설계 헌신자가 세워지지 않아 걱정하시는 당시 현장 소장이셨던 손 베드로 선교사님을 옆에서 보면서 '그래. 딱 이것만 하자'고 결심하고 전기·통신감리까지 참여하게 되었습니다.

필증을 받기까지

2011년 10월, 2012년 선교캠프 날짜가 잡혔지만 잦은 설계 변경으로 인해 느헤미야동과 비전센터 공정이 늦어져 건축 사용승인이 어려워졌습니다. 또한 소방 공정 중에 소방 전체 전기파트는 느헤미야 분들이 맡아 해 주셨지만 메인 시공은 전문가가 해야 하기 때문에 그 일도 제가 안 할 수 없었습니다.

11월 말부터 소방 임시 사용승인 작업에 착수하면서 먼저 소방

방염부터 서류를 만들었지만 계속해서 목재량이 늘어나 도면과 서류를 다시 만들어 신청하여 다행히 12월 초에 필증을 교부 받았습니다.

문제는 느헤미야동과 비전센터였습니다. 원래의 계획은 11월 말쯤 임시 사용승인을 받으려고 했습니다. 그러나 12월 중순이 넘었지만 느헤미야동 기계실에 펌프배관 작업이 되어 있지 않았습니다. 날씨가 너무 추워서 작업이 어려웠기 때문입니다. 우선 배관 시공 업체에 "앞으로는 다른 모든 일을 멈추고 소방배관 작업에 힘써 달라" 부탁했습니다. 그리고 상주 현장에 함께 내려온 회사 직원들에게는 준공 도면을 제작하라고 오더를 내렸지만 저희 직원들은 안 된다고 했습니다. 사실 맞는 말이었습니다. 공사가 끝나면 모든 테스트를 끝내고 준공 도면을 만들어야 하는데 우리는 반대로 하고 있었던 것입니다.

하지만 이것이 주님께서 주신 방법이었습니다. 몇 일간 밤새 배관 공사가 끝나고 준공 검사를 끝낸 이후에 상주 소방서에 서류를 접수하고 다음 날 담당자 현장 확인이 있었습니다. 부족한 부분이 있었지만 하나님께서는 이미 담당자 마음을 주관하고 계셨습니

다. 담당자는 흔쾌히 허락해 주며, 다음 날 소방 임시 사용승인 필증을 교부해 주었습니다. 만약에 이것이 민간 공사였다면 준공을 포기하거나 세상적인 방법으로 해결하려고 했을 것입니다.

하지만 하나님의 방법은 우리의 기도였습니다. 순종하는 우리의 마음과 행동을 주님은 요구하셨습니다.

제가 가진 것이 내 능력으로 취한 것이 아닌 온전히 주께서 긍휼로 베풀어주신 은혜로 알고 순종하면서 나아가길 원합니다.

이 열방기도의집에 나의 흔적은 없고 오직 예수님의 손바닥 못자국만 남길 원합니다.

가설물 주방에 걸려있는 조경 느헤미야가 직접 제작한
200년된 매화나무로 만든 십자가

주방에서 열방까지!

양진옥 권사_미주(새크라멘토)

하나님의 부르심

결혼해서 미국에 간 지 30년째인 2005년, 하나님께서 부르시며 주신 말씀이 있다.

> 울며 씨를 뿌리러 나가는 자는 반드시 기쁨으로 그 곡식 단을 가지고 돌아오리로다_시 126:6

처음에는 이 말씀이 나에게 주시는 말씀이 아니고 다른 선교사님, 아니면 선교사님의 자녀에게 주시는 말씀이라 생각하고 있었는데 6개월이 지나고 1년이 지나도 계속해서 이 말씀이 나를 감동케 했다.

"정말 주님의 말씀에 순종하고 싶어요. 그러나 나에게는 선교사의 자격이라곤 전혀 없지 않습니까?"

그러다가 인터콥의 선교 훈련을 받게 되었다. 그 전에는 나름대로 교회에서 열심히 봉사하고 충성한다고 생각했지만 내가 직접 선교를 해야 한다고는 생각하지 못했다. 그리고 훈련을 받으면서 열방의 영혼, 복음을 듣지 못한 영혼들을 향한 마음이 나에게 없었다는 것이 내 자신에게 충격이었다. 그래서 훈련을 받으면서 기존에 가지고 있던 모든 것을 내려놓고 다시 시작하는 마음으로 나의 생각이나 삶을 다시 재정립하기 시작했다. 교회에서도 그전보다 더 열심히 섬기고, 가족들간에도 더 사랑하고, 일터에서도 더 열심히 일하고, 기쁨으로 모든 일에 임하는 것으로 나의 삶이 바뀌었다. 하나님과의 관계도 당연히 바뀌게 되었고, 모든 관계들이 회복되면서 열심히 밤 늦은 시간까지 간사님들과 함께 열방을 위해 기도하고, 선교사님들을 하나님께 올려드리며 기도할 때 하나님께서 일하시는 것을 보았다.

내 삶은 물을 만난 고기처럼 기쁨으로 열심히 새크라멘토에서

도 선교사가 나오도록 기도하였다. 그래서 우리 교회에서 처음으로 SM(학생 선교사)을 파송하게 되었고, 나도 한국으로 파송을 받아 열방기도의집으로 나오게 되었다.

2005년 하나님께서 처음 부르실 때 "그러면 제가 태어난 한국으로는 갈 수 있겠습니다"하고 고백했던 기억이 이곳 열방기도의집 상주 공사현장에 느헤미야로 있으면서 다시 생각이 났다. 하나님은 참으로 인격적인 분이심을 다시 경험하였다.

미국에서 하나님이 부르신 후 한국으로 오기까지 5년이라는 시간이 걸린 것을 보면서, 내가 즉시 반응하지 못할 때에도 하나님은 내가 인정하고 순종하기까지 기다려주시는 분이라는 것을 경험하였다. 주님은 또다른 단계로 부르시면서 주님의 일을 함께 하자고 하셨다.

그렇게 순종하며 한국으로 나오기까지 정말 힘들고 고통스런 시간들이 있었다. 순간순간 부르심을 의심하기도 하고 내가 가야 하는 길이 힘들고 어려운 길이라는 것을 알기 때문에 가고 싶지 않았고, 그냥 아이들과 다른 사람들처럼 평범하게 살고 싶었다. 이러한 유혹이 나를 힘들게 하기도 했다.

그러나 '죽으면 죽으리라' 결단하고 일어섰을 때 나는 죽지 않고 살아났다. 내가 하나님의 말씀으로 승리한 것이다. 그렇게 5년이란 시간 동안 미국에서의 삶을 하나하나 정리하고 아이들과 부모님, 동생들을 그곳에 두고 홀로 한국으로 왔다.

주방 느헤미야가 되다

가건물 현장 사무실을 짓는 데 일하시는 분들의 밥을 해 드릴 주방 느헤미야가 필요했다. 그래서 외부에서 밥 해주실 분을 찾고 있었다. 간사님이 나에게 "누가 와서 해 주실 수 있을까요?"하는 것이었다. 그래서 "몇 분의 밥을 해야 하냐"고 물었더니 9~15명이라길래 "누가 시장만 봐다 주면 내가 해 보겠다"고 했다. 그렇게 해서 시작한 일을 지금까지 해 오고 있다.

그런데 문제는 내가 요리를 잘 하지 못해 식사하시는 분들에게 맛있는 음식을 못 해 드린다는 것이 못내 미안했다. 또 점점 식사하시는 분들이 많아지자 계속적인 일로 몸이 힘들어졌다. 어느 때

는 나의 체력이 감당하기 힘들 때가 있었다. 그럴 때마다 하나님
께서 내 몸을 만져주시는 경험을 했다. 치료하시는 하나님을 경험
하면서 지금까지 감당할 수 있었다.

오병이어의 기적

2012년 1월 2일 선교캠프를 앞두고 막바지 준비로 열방기도의집
공사가 한창 정신 없이 바쁠 때 현장 보조 느헤미야 500명이 한꺼
번에 몰려왔다. 주방에서 섬길 사람도 없고 최대 200명분 밖에 할
수 없는 주방 시설에 갑자기 500명분의 식사를 준비한다는 것은
불가능했다. 그래서 나는 현실적으로 안 되는 일이라 생각했다.

그러나 섬기는 집사님들과 함께 솥에다 해 놓은 밥을 아이스박
스나 그릇이란 그릇에 다 쏟아놓고 다시 여러 차례 밥을 지어 쏟
아놓고, 버너와 가스 등 모든 끓일 수 있는 것들은 다 동원하여 끓
인 국을 찜통이며 대야 등 담을 수 있기만 하면 용도를 불문하고

식당 느헤미야

다 옮겨 담았다. 이렇게 해서 500명 넘는 느헤미야 중 한 사람도 굶지 않고 다 배불리 식사를 할 수 있었다. 할렐루야!!

적지 않은 나이에 너무 무리해서 허리에 고장이 나버렸지만 1월 2일 캠프 중 하나님께서 내 허리를 고쳐주셨다. 또 한번 하나님의 일하심을 경험하게 되었다.

나는 미국에서 많은 디아스포라 코리안들이 하나님의 군대로 일어나 열방으로 나갈 것을 믿는다. 그것을 위해 기도하며 이곳에 오기 전 '죽으면 죽으리라' 결단하고 일어섰던 그때의 각오로 날마다 주님께 나아가고 있다. 모든 열방이 주님께 나아오는 그날까지 그렇게 나아갈 것이다. 할렐루야! 아멘!

the King's Army

염려와 근심으로부터 자유케 하신 주님

김정이 집사_진주

제가 상주시 화서면에 이사 온 지도 벌써 8개월이 지나가고 있습니다. 남편이 열방기도의집 전기 느헤미야로 헌신하면서 오게 되었는데 남편은 2011년 3월에 먼저 와 있었고 저는 그해 6월에 이사를 왔습니다.

20대에 선교에 대한 비전을 가졌지만 지금까지 선교와 상관없이 선교지를 향한 막연한 기도만 하면서 살아왔습니다.

인터콥에서 훈련 받기 1년 전부터 하나님께서 저희 가정에 어려움을 주셨습니다. 그래서 남편과 함께 새벽기도 등을 다니면서 시간 나는 대로 하나님께 엎드렸습니다. 기도를 하면 할수록 선교와 상관없이 살고 있는 저에게 회개를 요구하시면서 선교의 비전으로 다시 일어서길 원하신다는 것을 깨닫게 해주셨습니다. 그래서 하나님께서 선교의 길을 열어 주시면 어떤 식으로든 순종할 것을 기도로 올려드렸습니다.

또 남편에게도 말했습니다.

"여보. 지금의 어려움은 그냥 우연히 오는 게 아닌 것 같아요. 내가 결혼 전에 선교 사명을 함께 감당할 사람을 보내 달라 해서 만난 사람이 바로 당신이에요. 그러니 당신도 하나님께서 선교를 위해 어떤 부분이든 원하실 때 순종하겠다는 기도를 드려보세요."

그랬더니 남편도 순순히 응해 주었습니다. 그리고 한 달 뒤 교회 집사님께서 비전스쿨을 받아 보라해서 거부하지 않고 훈련을 받고 단기선교도 다녀오게 되었습니다. 남편도 훈련중에 열방기도의집 공사 현장에서 일할 느헤미야를 찾는다는 소식을 들은 후 곧바로 순종하였습니다.

이곳 현장은 열방 회복을 위해 기도할 집을 위한 공사이기에 사단의 저항과 공격이 쉬지 않는 현장이었습니다. 남편은 아침에 출근하기 전에 늘 저에게 기도 제목을 주고 출근을 하였습니다. **열방기도의집은 결코 돈만으로 지어지는 곳이 아니었습니다. 하**

나님께선 기도 없인 그 어떤 일의 진척도 허락하지 않으셨습니다. 눈에 보이는 건물도 중요하지만 우리 각자가 기도의 집이 되어 가길 원하셨습니다.

처음에 저는 이사 오는 것을 반대했습니다. 남편이 생활비도 벌어 주지 않을 텐데 낯선 땅에 가서 어떻게 먹고 산단 말인가? 그래도 원래 살던 곳은 시댁, 친정이 다 있으니 상주보단 나을 것이라고 생각하고 버티려고 하는데 남편은 그런 모습이 실망스러운 듯 바라보았습니다. 그리고 아브라함이 갈 바를 알지 못했지만 믿음으로 순종하여 떠났을 때 인도하심을 받지 않았냐고 기도해보라고 했습니다. 그리고 얼마 안 있어 이곳으로 오게 되었습니다.

열방을 사수하라

순종하여 왔더니 하나님께선 많은 은혜를 부어 주셨습니다. 낮에는 남편이 전기 느헤미야로 현장에서 일하고, 저녁엔 제가 철야로 기도할 수 있는 특권을 부어 주셨습니다.

철야를 시작하기 전엔 새벽기도를 다녀와서 남편을 출근시킨 뒤 늘 아침기도를 했는데 하루는 잠이 와서 그냥 잠이 들었습니다. 그런데 제 귀에 이런 음성이 들렸습니다.

"열방기도의집을 사수하라."

하나님께선 열방기도의집을 짓는 데 대충 적당한 기도로 만족하지 않으신다는 것을 깨달았습니다.

철야를 하면 많이 피곤 할 줄 알았는데 오히려 더 건강해지는 것 같습니다. 그리고 기도 외엔 별로 하고 싶은 게 없어서 생활이 참 단순해져 기도에 전념할 수 있어 참 좋습니다. 제가 임신을 했는데 첫 번째 임신 때는 부종도 심하고 몸도 가렵고, 꼬리뼈가 아파서 오래 앉아 있질 못했습니다. 그런데 지금은 밤새 바닥에 앉아 있는데도 아무 탈이 없고 피곤함을 별로 느끼질 못할 만큼 하나님께서 건강을 챙겨주십니다.

12시에 시작하는 철야 예배에 가려고 할 때 따뜻한 이불 속에 더 누워 있고 싶고 아침까지 편하게 자고 싶은 마음이 들 때도 많습니다. 때론 이불 속에서 나오지 못하고 있을 때 26개월 된 딸이

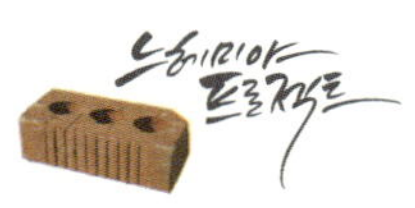

예배 가자고 저를 일으키기도 하고, 잘 자던 딸이 12시가 되면 짜증을 부리면서 일어나서 제가 안 일어나곤 베길 수 없을 때가 참 많았습니다. 결국은 딸을 업으면서 이렇게 결심하곤 합니다.

'기도하다 죽자! 기도하다 죽어버리자!'

그리곤 어느새 힘이 생기곤 하였습니다.

하나님의 전략

이곳에 와서 많은 것을 배워갑니다. 긴 밤 시간 원 없이 찬양할 수 있는 게 좋고, 우리가 춤추며 찬양할 때 주님의 임재가 있고 저 이슬람의 흑암을 걷어버리며 짓밟아 버리고, 말씀 기도로 세밀한 하나님의 전략과 세밀한 뜻을 알게 하시니 참 감사합니다.

열방기도의집을 지어가면서 그날 그날의 기도가 다음 날 공정에 많은 영향을 끼친다는 것을 알았습니다. 기도하러 많이 오지 않고 조는 사람이 많을 때는 다음 날 자재나 인력 수급, 날씨 등 항상 부족한 부분이 드러났습니다. 기도하는 사람의 수가 많고, 졸지 않고 열심을 다해 기도할 땐 다음 날 공정은 아무 어려움 없이 모든 필요가 채워지고 문제가 즉각 해결되는 경험을 지금까지 하고 있습니다.

선교캠프 날짜를 앞두고 '과연 캠프를 할 수 있을까?'하는 염려들로 연약한 부분들이 드러났습니다. 그러나 하나님께선 이미 캠프를 하겠다고 작정을 하셨고 이미 예비해놓으셨는데, 우리가 믿음으로 이것을 취하고 기도하며 행하는 연합된 모습을 찾고 계셨습니다.

캠프를 얼마 남겨두지 않은 상태에서 생각지도 않은 정화조 문제가 복병으로 떠올랐습니다. 주민들의 마음을 만지셔서 쉽게 끝이 날줄 알았는데 시간이 가면 갈수록 어려워졌습니다. 우리 안에 '과연 이것이 해결될 수 있을까?' 이것이 해결되지 않으면 캠프를 할 수가 없는데…' 하는 또 하나의 불신과 싸워야 했습니다.

믿음이 없이는 하나님을 기쁘시게 할 수 없다고 하였습니다. 우리에게 조금도 의심하지 않는 믿음을 요구하시고, 또 공동체 전체의 연합된 기도를 모으셨습니다.

그리고 결국 2011년 12월 30일 시청 종무식 직전에 사용허가를 받게 하셔서 우리로 하여금 조금도 긴장을 늦추지 않고 깨어 기도하기를 원하시는 하나님의 마음을 읽었습니다. 정말로 이 일은 저뿐 아니라 우리 모두가 오랫동안 기억에 남는 이야기 거리가 될 것 같습니다.

예전에 제가 한번은 하나님께 실컷 기도만 하면서 좀 살 수 있는 날이 있었으면 좋겠다는 기도를 한 적이 있었습니다. 그 기도를 잊지 않으시고 아예 철야기도의 자리로 저를 옮겨 놓으셨으니 참 재밌고 웃기는 일이 아닐 수 없습니다.

철야를 하는 동안 저에게 많은 변화가 일어났습니다. 그전엔 개인적인 필요를 구하는 기도를 많이 했었는데, 지금은 이런 기도들이 너무 구차하다는 생각이 듭니다. 그리고 이젠 이런 기도가 서슴없이 나옵니다.

'주님을 원합니다. 주님으로 충분합니다. 다른 것 다 필요 없습니다.'

사실 물질, 시간까진 드릴 수 있지만 생명까지 드리겠다는 기도는 겁이 나서 하질 못했습니다. 그런데 놀라운 건 너무나도 자연

스럽게 제 입에서 순교도 할 수 있게 해달라는 기도가 나오고 있
으니 이게 사람이 할 수 있는 일이겠습니까?

하나님의 만나 통장

　남편이 느헤미야로 섬기기 때문에 2011년 3월부터 지금까지 생
활비를 가져다 주질 않고 있습니다. 얼마 전엔 가지고 있던 통장
잔고가 다 떨어진 것을 서로 확인하였습니다. 벌이는 없지만 매달
기본적인 생활비가 들어가고, 지금 공사 현장에서 사용중인 남편
의 1톤 포터의 차량 보험료가 74만 원이나 됩니다. 순간 염려, 불
안, 초조가 밀려오더니 '앞으로 어떻게 살아가야 하나' 하는 두려
움이 저희 부부를 덮었습니다. 그리고 느헤미야로 헌신하는 것을
만류했던 사람들의 말이 떠올랐습니다.
　그런데 그 순간 이건 결코 하나님이 주신 마음이 아니란 걸 깨
닫게 해주셔서 남편과 함께 감사 찬양을 올려 드렸습니다. 놀라운

건 방금까지 우릴 덮었던 어둠이 모두 물러가고 하나님이 주시는 평안이 우리를 덮었습니다.

그런데 얼마 있지 않아 예전에 보험을 해약한 적이 있었는데 법이 바뀌면서 추가로 해약금을 더 돌려준다는 안내문이 왔습니다. 그리고 어떤 집사님께서 감동이 있어 보낸다며 돈을 보내 주셨습니다.

그 후로 계속 어려움은 찾아왔지만 그 때마다 감사를 올려드리며 어려움을 무시해 버렸습니다. '나 기쁨의 춤 추리' 찬양하며 "나는 결코 물질의 지배를 받지 않으리라"선포하며 어려움들을 이겨냈습니다. 누군가 그러더군요. 믿음은 마음을 편안하게 가지는 거라고. 결국은 염려하지 않는 게 믿음이겠지요.

"주님! 폭풍 속을 거닐지라도 주님이면 충분합니다. 주님! 제 손 꼭 잡고 가 주십시오. 저도 결코 주님 손 놓지 않을 것입니다."

12월엔 결국 연체가 되는 일이 생겼습니다. 은행에 가도 돈이 없으니 볼 일도 없고, 통장 정리만 한 후, 딸을 업고 집으로 돌아오면서 맑은 겨울 하늘을 바라보았습니다.

"하나님! 하늘이 참 맑고 아름답네요. 통장 잔고는 없지만 주님은 제 안에 충만히 계셔서 떠나지 않으시니 감사합니다. 주님은 온 세상을 만드신 창조의 하나님이십니다. 주님으로 충분합니다."

고백하면서 감사 찬양을 올려드리며 집으로 돌아오는데 말할 수 없는 기쁨과 평안이 제 안에 부어졌습니다.

그리고 캠프를 전후해서 하나님께서 공급해 주시기 시작하는데 많은 집사님들과 친구들이 마음에 감동이 있어 주는 거라며 설 명절 때 기름 값 하라며 거액을 저에게 보내주어서 우린 마치 보너스를 받는 기분이었습니다. 그래서 연체도 해결하고 설 명절도 넉넉히 지낼 수 있게 되었습니다.

저는 믿었습니다. **하나님께서 우리를 결코 이 어려움에 방치하지 않으실 것을요.** '돈이 없어서 먹을 게 없다면 금식하라는 뜻인 줄 알고 금식하지 뭐' 이런 각오가 늘 제 안에 있었습니다

그러나 하나님은 한 번도 우릴 굶기지 않으셨습니다. 제가 과일을 좋아하는데 여긴 포도, 사과, 배, 복숭아가 생산되는 곳이라 지난 여름과 가을에 맛있는 과일을 실컷 먹었습니다.

임신을 하다 보니 첫째 때와 달리 고기가 많이 먹고 싶었습니다. 특히 비싼 소고기가 많이 먹고 싶더라구요. 그렇지만 그럴 형

편이 되질 않아 참고 있다가 한번은 퇴근해온 남편에게

"당신은 왜 그렇게 능력이 없어? 고기가 너무 먹고 싶은데 사주지도 못하구 말야. 남들은 임신하면 왕비처럼 떠 받들어 준다는데…."

옷을 갈아입던 남편이 눈이 휘둥그래져서 '오늘 저 사람이 왜 저러지? 이곳에 헌신해온 남편이 최고라고 하던 사람이…' 하는 표정으로 아무 말 없이 쳐다만 봤습니다.

순간 내가 '왜 이러지?' 하며

"여보. 미안해. 그냥 한번 투정 부려봤어. 마치 고기를 실컷 먹은 기분이네요. 하나님이 먹여 주실 거야. 그렇지?"

그 후 며칠 뒤 함께 철야하시는 집사님이 소고기를 사다 주셨습니다. 또 어떤 집사님께서는 임신했으니 영양 보충하라고 고기 사 먹을 돈을 보내주셨습니다.

이번 설 명절 땐 시어머니께서 아주버님 드릴 거라고 키우시던 염소를 잡으셨는데 잘 안 드시더라구요. 그래서 생각했습니다.

'아하! 하나님이 나를 위해 염소를 잡으셨구나. 감사합니다!'

저 혼자 먹고 또 남은 건 싸가지고 왔습니다. 또 최근엔 가까이 지내는 집사님이 칼슘이 많이 필요할 때라며 우유를 배달시켜 주셔서 잘 먹고 있습니다. 울산의 어떤 집사님께서 기저귀와 물티슈, 옷가지 등을 보내 주신적도 있습니다.

딸이 여기 오기 전엔 감기를 자주 앓았는데 여기선 콧물 며칠 나오는 거 외엔 거의 감기를 앓지 않았고, 저도 임신 때문에 약을 먹지 못하는데 한번 감기를 조금 심하게 앓은 뒤 한 번도 감기에 걸리지 않게 해 주셨습니다. 그런데 남편은 추운 현장에 계속 노출되어 있고 피곤하다보니 한번씩 감기에 걸리긴 하지만 빠르게 회복시켜 주셨습니다.

기도만이 살 길입니다. 지금까지 풍성하진 않지만 생활할 수 있는 필요를 어떤 통로를 통해서든지 공급해주셨습니다. 가난하기 때문에 누릴 수 있는 하나님의 은혜가 참 많습니다. 가진 게 없기 때문에 하나님만 바라 볼 수 있어 정말 행복합니다. 내가 가난해져 한 영혼이라도 더 살릴 수 있다면 계속 가난해져도 괜찮을 것 같습니다.

제가 이런 은혜를 체험하며 어려움을 이겨 낼 수 있었던 건 매일 드려지는 저녁 7시 BTJ예배와 철야기도를 통해 넉넉히 감당할

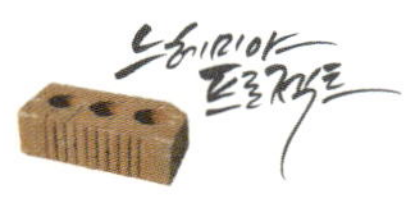

수 있게 되었습니다.

　기도만이 흑암에 눌린 열방의 영혼들을 자유케 할 수 있습니다.
그리고 열방기도의집이 그 통로가 될 것입니다.

II. 옥합의 향기

나의 나된 것은 하나님의 은혜라

유경희 집사_부산

　지금으로부터 11년 전 남편의 직장 선배가 저의 퇴직금을 담보로 대출을 해줬으면 한다는 부탁을 남편을 통해 듣게 되었습니다. 금전적인 이런 비슷한 문제로 여러차례 곤욕을 치른 저는 단호히 거절했습니다. 그러나 남편이 형처럼 따르는 직장 선배인데다가 그분의 딱한 사정과 각서까지 써주며 하는 간곡한 부탁에 허락하고 말았습니다.

　이번만큼은 불미스러운 일이 발생하지 않을 거라 내심 저를 안정시키려 애를 썼습니다. 그러나 두 달도 안 되어 그 분의 상황은 점점 더 악화되어 갔고 각서의 내용은 그저 한낱 종이가 되버렸습니다.

나를 짝사랑 하신 하나님

　그렇게 2년이 훌쩍 지나버렸습니다. 당시 결혼 5년차로 주말 부부였던 저는 어느 날 밤 한 통의 전화를 받았습니다. 그 분의 다급한 목소리가 수화기 너머로 들려왔습니다.

　"최코치(당시 남편의 직책)가 쓰러졌어요. 창원에서 여의치 않아 마산 ㅇㅇ병원으로 옮겼는데 상황이 너무 좋지 않아요. 빨리 마산으로 오세요."

　저는 불길한 예감이 들었고 남편의 영정 사진이 눈앞에 어른거렸습니다. 당시 임신 9개월이었던 저는 첫딸의 옷을 주섬주섬 입히며 짐을 챙겨 나가다 불길한 예감에 혼자 가기가 두려워졌습니다. 언니에게 전화를 걸어 동행을 요청했습니다.

　마산 ㅇㅇ병원에 함께 도착한 언니는 내가 임신 중이라 혹시나 충격을 받지 않을까 해서 남편 면회를 만류했습니다. 언니에게 상황을 전해 듣고 나서야 저는 마음을 진정시키고 남편의 얼굴을 볼 수 있었습니다. 병원에서는 모든 조치를 다 했지만 과로로 인한 대뇌출혈로 혼수상태이며 앞으로의 상황을 가늠할 수가 없다고

했습니다.

그렇게 일주일이란 시간을 혼수상태로 보내며 남편은 33세의 짧은 생을 마감하게 되었습니다. 지금에서야 알게 되었지만 남편은 우리 가족을 하나님께 돌이키기 위해 그렇게 짧은 생을 살지 않았나 하는 마음이 들었습니다. 그래서 남은 삶을 헛되이 살면 안 되겠다는 다짐을 하게 되었습니다.

사별 후 한달 뒤 둘째 아이를 출산하고 힘든 시간들이었지만 하나님의 은혜로 아이를 키우는 기쁨을 통해 시련을 잘 이겨내었습니다. 이사 후 옮긴 교회에서 일대일 양육과정을 받고 있었던 어느 날 처음으로 하나님께서 제게 마음의 감동을 허락하셨습니다.

"내가 네 남편을 데려가기까지 내가 너를 사랑한다."

그 감동은 저를 그 자리에서 펑펑 울게 만들었습니다. 하나님께서 저를 얼마나 오랫동안 짝사랑하시며 인내하고 기다리셨는지…. 제가 힘들어하던 그 시기에 저와 함께 아파하셨던 아버지의 마음이 느껴졌습니다.

그리고 그 분께는 종종 제가 먼저 어렵게 연락을 했지만 알겠다고 할 뿐 계속 묵묵부답이었습니다. 그렇게 그 일은 10년을 넘게 저의 속을 태우며 저를 힘들게 했습니다.

제2의 인생 이야기

2008년 여름 저는 집에서 창 너머 불어오는 바람에 가스 불이 옷에 붙어 큰 화상을 입어 세 번의 큰 수술과 2년간의 치료를 받게 되었습니다. 화상 당시 저는 "이것이 바로 지옥에서 유황불에 끝없이 타는 고통이구나"라는 것을 깨닫게 되었습니다. 그래서 가족들과 친지 지인들, 나아가서 이웃들에게 꼭 복음을 전해야 한다는 사명감을 갖게 되었습니다.

화상 사고를 당하기 전 저는 여느 다른 직장맘과 같이 직장생활과 자녀양육, 집안 살림의 삼중의 힘든 생활을 하며 힘들게 살아가고 있었습니다. 그러던 중 하나님께서 저에게 직장을 내려놓으라는 마음을 강하게 부어 주셨습니다. 그러나 혼자서 두 아이를

양육해야 했기에 직장을 내려놓기가 쉽지 않았습니다. 화상치료
를 위해 병원에 있을 때 하나님께서 말씀으로 위로하시고 힘을 주
셨습니다.

저에게 새 일을 주시겠다는 마음을 받은 후 직장을 그만 두기로
결심을 하고 교회 집사님의 권유로 인터콥의 여름 선교캠프에 참
석하게 되었습니다. 열방의 영혼들을 향한 아버지의 아픈 마음을
알게 되었고 아버지의 마음을 시원케 해드리는 딸이 되고자 선교
에 헌신하게 되었습니다.

한번은 상주 열방기도의집에서 부산 여성팀이 예배를 맡게 되
어 기도를 하고 있는데 제 마음에 잔잔한 감동이 밀려왔습니다.
그전까지만 해도 공사에 필요한 재정은 하나님께서 돈 많은 분들
을 통해 채우시고 예비해 놓으셨다고 생각하며 저는 기도만 하면
된다고 생각했었습니다. 그런데 이 일은 저에게서부터 시작되어

야 된다는 생각이 들었습니다. 저는 그 자리에서 회개하게 되었습니다.

"이 일은 하나님께서 건물을 짓는 것이 아니었구나! 아버지께서는 한 사람 한 사람을 통해 믿음의 건물을 짓기를 원하시는구나!"

바로 나 한 사람에서부터 아주 작은 것이지만 한 사람 한 사람의 자원함과 헌신함으로 우리의 옥합 향유를 깨트려 이 믿음의 건물을 짓기를 원하시는 하나님의 마음을 느낄 수 있었습니다.

그리고 저는 또 어렵게 그분에게 전화를 걸었습니다.

10년 이상을 애태웠던 그 일!

마침내 하나님께서 그 분의 마음을 움직이게 하셨고 어렵게 원금을 상환받게 되었습니다. 그런데 저의 마음은 평소에 없었던 금전으로 인해 근심이 일게 되었습니다. 그리고 이것은 제 것이 아니라는 마음이 들었습니다.

저는 그제서야 하나님께서 11년 동안 이 퇴직금을 가둬 놓으신 이유를 알게 되었습니다. 긴 시간 동안 이 일로 인해 많이 힘들었지만 만약 이 일이 발생하지 않았었다면 과연 이 퇴직금이 지금까

지 남아있지 않았을 것입니다. 그 동안 저의 모든 재정을 흩어놓으시고 세상의 것들을 의지하지 않고 살길 바랐던 하나님의 깊은 뜻을 알게 되었습니다.

만약 제가 남편과 세상을 의지하며 지금껏 살아왔다면 구원의 기쁨도 절대 맛보지 못했을 것이고, 하나님의 세계경영과 선교의 비밀을 알지 못했을 것입니다.

또다른 부르심

저의 영적 멘토 집사님을 통해 어린이 사역을 준비하는 것이 좋겠다는 조언을 듣게 되었습니다. 그래서 2년의 기간 동안 사이버 대학을 통해 사회복지사와 보육교사 자격을 취득하는 과정을 준비하게 되었습니다. 작년 10월에는 보육교사 실습을 해야 하는 시기였습니다. 실습지를 구하기 위해서 사랑방(소그룹 모임) 식구들이 함께 기도를 해주었는데 하나님께서 사랑방 목자의 지인을 통해 어린이집에서 실습을 할 수 있게 해주셨습니다. 실습이 끝나 갈 때쯤 저는 이런 기도를 하게 되었습니다.

"하나님 제가 이곳에서 일하기를 원하십니까? 혹 그렇다면 11월부터 이곳에 부임할 선생님이 피치 못할 사정으로 못 오시게 될 경우 그 응답으로 알겠습니다."

그런데 정말 부임을 하루 남겨 놓고 오시기로 했던 선생님이 못 오시게 되었습니다. 원장님께 저의 기도 이야기를 말씀드렸더니 너무나 흔쾌히 같이 일하게 되어 고맙다고 말하는 것이었습니다. 그래서 저는 여기서 얼마나 일하게 될지 알 수 없지만 그 때 이런 결심을 하게 되었습니다.

'얼마를 받던지 이곳에서 버는 모든 수입을 열방기도의집에 헌금해야 겠다.'

그로부터 3개월의 짧은 시간이 흘렀고 원아들과 같이 지내다 보니 하루하루가 금새 지나갔습니다. 그 곳에서 일하던 어느 날 저는 하나님께서 왜 저를 이곳에서 짧게나마 일하게 하셨는지 알게 되었습니다. 바로 저에게 훈련을 시키셨던 것이었습니다. 앞으로의 사역에 꼭 필요한 훈련을 하기 위함이라는 감동이 왔습니다.

내 마음의 소원

지금껏 제 삶을 뒤돌아보면 '나의 나된 것은 다 하나님의 은혜'인 것 같습니다. 마찬가지로 우리 한국교회에 부어주신 하나님의 은혜를 생각해 봅니다.

아무도 알지 못하던 이 조선 땅에 서양귀신이라 놀림당하며 사람 대우도 받지 못했던 수많은 젊은 선교사님들의 피와 땀, 전국 방방곡곡을 돌아다니며 글을 읽지 못하던 사람들에게 글을 가르쳐가며 복음전파에 힘썼던 권서들의 복음의 씨 뿌림을 우리는 기억해야 합니다. 엄동설한 추위를 이겨가며 눈물로 철야기도를 일삼던 이 땅 어머니들의 기도를 다시 한번 기억합니다.

한국교회에 부어주신 이 축복이 절대 값없이 주어진 것이 아니며 이제는 우리가 복음을 알지 못하는 열방의 영혼들을 향해 흘려보내야 할 것입니다. 열방기도의집이 그 사명을 감당하게 될 것입니다.

열방기도의집에서 드려지는 예배와 기도가 소망 없는 열방의 영혼들을 살릴 핵 미사일이 되어 그 땅에 강력한 교회 공동체를 세우고 흑암의 권세를 파하며 주님 다시 오실 길을 예비하게 될 것입니다.

우리가 눈물로 생명 다해 기도할 때 열방의 죽어가는 영혼들이 살아날 것입니다. 이 일에 많은 한국교회 성도들이 동참하기를 원합니다. 그렇게 우리가 다 함께 주님의 기쁨의 동역자가 되기를 날마다 기도합니다.

하나님께서
가르쳐 주신 공부

김진석 간사_ 거제지부 대표간사

예전에 저희 지부에 훈련을 받은 젊은 훈련생 부부가 있었는데 선교사로 나가기 전에 간사로 훈련을 받길 원했습니다. 그런데 경제적인 여건이 어려운 상황에 있었던 터라 부부와 두 아들이 지낼 곳이 마땅치 않았던 상황이었습니다.

그래서 저는 이 가정이 선교지 나가기 전까지 지낼 만한 전세금을 마련하자는 내용으로 단체 문자를 보냈습니다. 그리고 이 가정이 선교지로 나가면 전세금을 받아 다시 돌려주는 조건이었습니다. 거제 지역은 삼성과 대우, 두 조선소로 인해 경제력이 아주 높은 도시여서 단체 문자를 보내면 금방 재정이 다 채워질 거라 생각했습니다.

옥합 예비학습

그런데 놀랍게도 1주일이 지났는데 정말 10원 한 푼의 후원금
도 들어오지 않았습니다. 그래서 하나님께 기도했습니다.

"하나님! 왜 재정이 한푼도 채워지지 않는 거죠?"

그러자 하나님께서 "네 것부터 내놓아라"고 말씀하셨습니다.

그런데 그땐 제가 가진 돈이 없었습니다. 그래서 하나님께 물었
습니다.

"뭘 내놓아야 하죠?"

그때 하나님은 아내와 결혼할 때 받아온 패물을 떠올리게 하셨
습니다. 그 순간 걱정과 근심이 앞섰습니다.

"하나님! 왜 이런 응답을 아내에게 하지 않으시고 저에게 하십
니까?"

아내에게 직접 말씀하시면 손쉽게 진행될 텐데 저한테 말씀하
셔서 아내와 싸워야 되니 말입니다.

결혼할 때 제대로 해준 것도 없는데 저희 어머니가 꼭 필요할
때 사용하라고 주신 패물을 팔라고 얘기해야 하니 아내에게 미안

한 마음이 들었습니다. 하지만 하나님이 말씀하셨으니 순종하는 마음으로 밤에 집에 돌아가 아내에게 말하기로 마음 먹었습니다. 약하게 말하면 패물을 안 팔 게 뻔하니 강하게 말하기로 결심하고 집에 갔습니다. 결국 그날 아내와 다투게 되었습니다. 다음 날 저녁까지 싸움은 이어졌고 끝내는 아내에게 단호하게 얘기했습니다.

"내일 점심 시간에 ○○금방 앞으로 패물 가지고 나오세요!"

점심 시간에 금방 앞에서 아내를 만났습니다. 아내는 저에게 패물을 던지다시피 주고는 휙 돌아서서 울면서 가버렸습니다. 아내가 간 후 저도 울었습니다. 그리고 팔찌와 목걸이를 팔아 하나님께 드렸습니다. 그런데 놀랍게도 그날 예비 선교사 부부의 전세금은 모두 채워졌습니다.

할렐루야! 너무나도 기뻤습니다. 우리 것을 하나님께 드렸는데 오히려 너무 기뻤습니다. 하나님이 우리의 헌신을 받으셨다는 것을 확인하는 순간 기쁨이 제 마음에 가득 찼습니다.

지금은 학습중

　시간이 지나 열방기도의집이 지어져 가고 있었지만 바쁜 지부 사역으로 인해 그곳에 마음을 쓸 여유가 거의 없었습니다. 그리고 다른 모든 지부는 열방기도의집을 헌신으로 지어가는데 저희 지부는 한 것이 없어 마음 한구석으로 늘 하나님께 죄송한 마음이 있었습니다.

　그러다가 지부 사역자 모임에서 우리 지부도 열방기도의집에 헌신하자고 마음을 모았고 간사들끼리 100만 원을 하기로 하였습니다. 사실 저희 지부는 100만 원 이상을 후원 받아 본 적이 없는 아주 작은 지부여서 이것도 아주 큰 믿음으로 선포한 것이었습니다. 그러자 한 간사가 선포했습니다.

　"거제도가 돈이 많은 땅인데 200만 원은 해야 하지 않겠냐!"

　모인 사람들의 마음을 부담스럽게 했습니다. 그래서 200만 원을 채우기 위해 1일 찻집, 바자회 등의 여러 안건들이 나왔지만 지부 사역이 바쁜 관계로 하나도 하지 못했습니다.

　그러던 어느 날 월드미션 예배에서 이제 인터콥의 사역이 교회

가 없는 지역에 교회를 세우는 사역뿐만 아니라 이미 세워진 현지 교회를 깨워 교육하고 선교사로 파송하는 사역도 감당해야 한다는 비전이 나눠졌습니다.

그리고 그 현지인 교회 리더들을 훈련시키는 역할을 열방기도의집이 감당할거라는 메시지에 가슴이 벅차 오르기 시작했습니다. 그리고 열방기도의집이 마지막 시대 '하나님의 지혜'라는 것을 깨닫게 됐습니다. 갑자기 믿음이 생기기 시작했고 저는 열방기도의집 창문 40구좌를 하나님께 드리겠다고 고백했습니다. 그리고는 이것을 담대히 지부에 선포하고 이 일을 함께 감당할 자들을 일으켜 달라고 기도했습니다.

심화학습

재정이 채워지기는 했지만 더디게 채워지고 있었습니다. 그래서 전 하나님께 또 기도했습니다.

"하나님! 왜 이 재정이 채워지지 않는 거죠?"

그때 하나님께서 예전에 저에게 하셨던 것과 같은 말씀을 하셨습니다.

"네 것을 먼저 내놓아라."

"하나님! 뭘 내놓아야 하죠?"

그러자 저와 아내 손에 끼워진 반지를 떠올리게 하셨습니다. 왜 자꾸 이런 응답은 아내에게 안 하시고 저에게 하시는지…..

결혼할 때 아내에게 제대로 된 반지 하나 못 해주고 연애할 때 끼고 있던 링반지가 전부인데 그것마저 아내에게 달라고 하면 전 정말 나쁜 남편이 될 것만 같았습니다. 그래서 그날 밤 집에 가서 아내에게 이번에는 강하게 말하지 못하고 살짝 물어봤습니다.

"우리 반지 팔까?"

그러자 아내가 반지를 빼서 저에게 던졌습니다. 그래서 전 그 반지를 다시 주워 아내에게 끼워줬습니다. 그런데 며칠 뒤 아내가 먼저 저에게 와서 반지를 건네주며 반지를 팔자고 했습니다. 하나님께서 아내의 마음을 만져 주셨던 것 같습니다. 그래서 저희는 반지를 팔아 하나님께 드렸습니다. 그리고 저희 지부의 전

임간사 부부도 함께 자신의 통장에 있는 모든 재정을 하나님께 드렸습니다.

그러자 창문 40장에 대한 모든 재정이 순식간에 다 채워졌습니다. 하나님께서 놀라운 일을 행하셨습니다. 또한 그렇게 40장의 창문을 채워나가면서 아름다운 헌신의 이야기들이 저희 지부에 넘쳐나게 되었습니다. 이렇게 열방기도의집을 저희 지부가 함께 세워나가며 하나님의 은혜도 채워져가고 있었습니다.

복습

저희 지부는 믿음과 은혜로 충만해져서 이번에는 지붕 50장평을 감당하기로 하고 믿음으로 선포하였습니다. 하나님은 또 저희 가정이 먼저 헌신하기를 바라셨고 저에게 마지막 남은 제 딸의 돌반지를 드려야겠다는 마음을 주셨습니다. 그런데 이번에는 저희 아내도 동일하게 마음을 받고 저에게 문자가 왔습니다.

“여보! 우리 딸 돌반지 팔아서 열방기도의집에 후원할까?”

할렐루야! 이 문자를 받고 너무나도 기뻤습니다. 그래서 딸의 돌반지를 팔기로 결정했고 지붕 50장평이 채워져가고 있습니다.

학습 후기

저희 지부는 이 일들을 경험하면서 하나님의 놀라운 사랑을 경험하게 되었습니다. 우리의 모든 재정도 시간도 육체도 다 하나님의 것인데 그것을 하나님께 도로 드렸다고 해서 하나님에게 좋을 것이 하나도 없는데 오히려 우리의 이 ‘드림’을 기뻐하시고 더 나아가 우리에게 헌신해 줘서 고맙다고 하시는 것입니다.

그러면 우리의 고백은

“아니요. 마땅히 할 바를 한 것입니다. 오히려 저희가 감사해요.”

하면 하나님은

“아니야. 내가 고마워.”

그러면 저희는 또

"아니에요. 저희가 감사해요."

하면서 끝없는 주님과 우리의 사랑의 고백이 오고 가며 저희 지부는 드린 자가 오히려 하나님께 더 감사해 하는 은혜가 충만해졌습니다.

그래서 처음에 하나밖에 드릴 수 없었던 자도 그것을 하나님께 드리면 하나님이 고맙다고 하시니 그것에 또 감사해서 다음에는 두 개를 드리고, 그 두 개 드린 것에 하나님이 우리에게 고맙다고 하시니 다음에는 세 개를 드리고, 그 다음에는 네 개를 드리고 나중엔 우리의 모든 것을 다 드리는 예배자로 어느새 서게 된다는 것을 깨닫게 되었습니다.

그래서 우리도 예수님처럼 결국은 기쁨으로 십자가를 감당할 수 있는 예배자가 되는 거구나…. 예수님도 이런 하나님과의 온전한 사랑의 관계 속에서 십자가를 감당하셨던 예배자셨구나….

이번 일로 저희 지부가 고백하는 것은 무릇 있는 자가 더 넉넉하게 되고 풍족하게 된다는 말씀처럼 헌신한 자에게 더 은혜가 부어지고 헌신한 자가 더 헌신하게 된다는 것이었습니다.

　이 열방기도의집을 향한 헌신을 시작으로 저희 지부가 생명도
기꺼이 주님께 드릴 수 있는 지부가 되길 소망합니다.
　하나님 사랑합니다!

어린이 군대를 위한
어린이 장막을 위하여

무명_ 구미

　마지막 시대 하나님의 꿈을 이루어 드릴 열방기도의집을 위해 부족한 저를 사용하셔서서 어린이팀으로 인도하신 하나님을 찬양합니다. 사랑하는 아내를 통하여 2004년 처음으로 인터콥에 대해서 알게 되었는데 당시에는 해외 선교 훈련을 받겠다는 아내를 만류했던 기억이 납니다. 그러다가 2009년 상반기에 저도 훈련을 받게 되었습니다.

　2010년 7월 여름 단기 선교를 가기 전에 회사에서 실시하는 종합검진을 받았습니다. 건강한 몸으로 판정 받아 기분 좋게 단기 선교를 가려는 마음으로 종합검진을 받았고 대장 내시경 검사 중에 용종을 제거하였습니다. 내시경 검사 중에 용종을 제거했다면 보험금을 탈 수 있다는 직장 동료들의 말에 단기 선교 출발 1주일 전에 보험용 진단서를 받으려고 담당 의사를 만났습니다.

그런데 담당 의사가 제 용종 검사 결과를 설명해 주면서 대장암 이라고 하였습니다. 대장암의 위치나 깊이로 봐선 전이의 가능성 이 있으니 빠른 시일 내에 수술하기를 권유하였고, 다음 주에 수 술 일정을 잡자고 했습니다. 그런데 다음 주는 단기 선교 기간이 었습니다. 담당 의사에게 해외 봉사활동을 다녀와서 2주 후에 수 술하겠다며 일정을 잡았습니다.

그리고는 선교캠프에 갔었고 주님이 주시는 말씀을 받을 수 있 었습니다. 그 말씀과 담임 목사님의 기도, 아내의 중보기도를 등 에 업고 하나님이 선한 길로 인도하실 거라는 담대한(?) 믿음으로 불의 나라 '아제르바이잔'을 방문했습니다. 단기 선교 기간 동안 주님은 여러 경로를 통해 치유의 말씀을 주셨습니다.

> 그가 네 모든 죄악을 사하시며 네 모든 병을 고치시며 네 생명
> 을 파멸에서 구속하시고 인자와 긍휼로 관을 씌우시며 좋은
> 것으로 네 소원을 만족케 하사 네 청춘으로 독수리같이 새롭
> 게 하시는도다_시 103:3-5

단기선교에서 돌아온 이후 인터콥을 통하여 알게 된 여러 동역자들의 중보기도를 힘입어 또다른 의료기관에서 검사를 진행했습니다. 10월말 나온 검사 결과 대장은 아무 이상 없으니 5년간 6개월마다 한번씩 대장암 검사를 진행하며 관찰하기로 했습니다. 그리고 아내가 가입해 놓은 보험과 회사에서의 단체보험을 통하여 '1억 2천만 원'이라는 큰 돈이 제 수중에 들어오게 되었습니다.

검사를 진행하던 중 뼈암을 이겨낸 지부 사역 총무님이 아내와 저를 자신의 서실에 초대했습니다. 저는 뼈암을 이겨낸 그 분에게 제 건강에 뭔가 도움되는 이야기를 들으려고 갔습니다. 그런데 그 분은 제 아내에게 어린이 팀장을 맡아달라고 부탁했고, 제 아내는 근무 시간의 제약 때문에 안 된다고 거절했습니다. 당황하신 사역 총무님께 아내 대신 제가 섬겨보겠다고 말씀드렸습니다.

어린이 사역을 섬기는 것이 생각보다 쉽진 않았지만 믿음으로 순종했을 때 그렇게 힘들던 어린이 동원도 은혜로 다 이루어지고 어린이 훈련생들과 어린이 스태프들이 변화되는 모습들을 보게 되었습니다. 어린이 비전스쿨을 팀장으로 섬기는 동안 인터콥 어린이 사역을 좀더 이해하게 되었고 열방의 회복을 원하는 하나님의 마음이 제 꿈이 되었습니다.

전국에서 어린이를 섬기는 어린이 사역자들의 헌신과 열정에 저도 서서히 감염되어 벌써 세 기수째 어린이 팀장으로 섬기게 되었습니다. 어린이 팀장으로 섬겼던 2010년 하반기, 2011년 상·하반기 세 번의 기간 동안 세 번의 대장암 검사를 받았습니다. 어린이팀을 섬겨서인지 세 번 모두 의사 선생님께서 "ooo씨는 오래 사시겠군요" 라며 검사 결과 이상 없다고 하였습니다. 그래서 남은 검사 기간 동안 계속 어린이 팀장으로 섬기려고 합니다.

간절한 소원

제가 세 번의 어린이 팀장을 하면서 느낀 것은 어린이 사역이 다음 세대를 일으키는 가장 중요한 사역임에도 불구하고 다른 사역들에 비해서 항상 우선순위에서 밀리는 것 같아 안타까웠습니다. 특별히 열방기도의집에서 드려지는 첫 번째 선교캠프에 약속

된 엄청난 하나님의 기름부으심을 기대하며 어린이 세대도 함께 하길 원했지만 어린이 캠프는 장소가 없어서 중간에 기둥이 있는 식당에서 힘들게 진행해야 할지도 모른다는 이야기를 들었습니다. 짧은 시간 안에 식당을 대신할 수 있는 대안은 천 명 넘는 아이들을 수용할 수 있는 대형 장막을 설치하는 것밖에 없다는 간사님들의 호소와 어린이 팀장들의 눈물의 기도가 제 마음을 뜨겁게 달구었습니다.

어린이를 위한 반영구적인 돔(장막)을 구입하는 데 필요한 1억의 재정을 믿음으로 구하자고 어린이팀 간사님이 말씀하시는 그 순간 제 수중에 있던 1억 원이 생각났습니다. 2010년 대장암 진단 보험금으로 1억 2천만 원을 받아 십일조와 특별헌금을 드리고 남은 돈이 딱 1억이었습니다.

사실 이 1억으로 '아제르바이잔'을 위해 사용하려고 기도하며 준비하고 있었습니다. 그런데 어린이팀에서 함께 기도하는 중에 간절한 소원이 제 마음속에 생겼습니다. 이 보험금으로 아제르바이잔뿐만 아니라 더 많은 민족들 가운데 음부의 권세가 이기지 못하는 교회를 세울 어린이 군사로 훈련 받는 공간을 만드는 데 사용하면 좋겠다는 소원이었습니다.

아내에게 제 생각을 나누자 흔쾌히 그러자고 했습니다. 이후 많은 느헤미야의 헌신과 어린이 기도 네트워크, 전국의 어린이 사역자들의 눈물의 기도를 통해, 하나님께 예배를 드리고 어린이 군대로 훈련받기에 가장 적합한 어린이 장막이 세워졌습니다. 그리고 결국 '어린이선교캠프'는 열방기도의집에서 부모 세대와 함께 열리게 되었습니다.

이 어린이 장막에서 앞으로 주님의 어린이 군대가 더 잘 훈련받아 아제르바이잔뿐만 아니라 우리 가정에, 우리 교회에, 우리 민족에 그리고 모든 열방에 담대히 하나님의 말씀을 선포하여 이 세대에 하나님의 나라가 권능으로 속히 임하게 되었으면 좋겠습니다.

마라나타!!

✔ 2012년 어린이 선교캠프가 드려진 장막

2011년 10월 비전센터 공사 현장에서 예배드리는 느헤미야들

하늘나라 보험

양라영 집사_ 안양

처음 열방기도의집 비전을 들었을 때에는 마치 교회 건축헌금이나 감사헌금 하듯이 그저 얼마간 성의만 보이면 될 줄 알았다. 직장을 다니는 사람도 아니고, 또 특별한 기술이 있어 섬길 수 있는 것도 아니어서 벽돌이라도 나르면 되겠지 생각했다. 물론 벽돌 나르는 게 쉽다는 뜻이 아니라 그저 시키는 대로 심부름은 할 수 있을 것 같았단 뜻이다.

그런데 마침 집에서 빈둥대는 아들이 있어 "함께 가서 벽돌이라도 나르고 올까?"하고 물었더니 "얼마 줄거야?"라고 묻는다.

그렇게 흐지부지 시간이 지나고 있었다. 여전히 열방기도의집에 대한 비전이 마음 한 켠에 남아 나를 은근히 부담스럽게 했다.

나는 새집으로 이사를 했고 교회도 리모델링을 한다고 건축헌금을 모금하고 있던 터였다. 그런 중에 말씀이 나를 찔렀다. 조금이라도 성의를 비춰야 할 것 같았다. 지부나 비전스쿨에 가면 옥합을 깨트리자고 하는데 그에 따른 마음의 부담감도 해소하고 싶었다. 그렇지만 나는 그 만한 능력이 없었다.

선교캠프날이 다가오고 있던 중 아들 이름으로 들어둔 만기가 얼마 안 남은 보험이 생각났다.

"아들 이름으로는 안 될까요?"

슬쩍 지부 총무님께 여쭤봤더니 괜찮다고 하셨다. 그제서야 나는 묵은 시름을 내려놓은 것 마냥 마음이 가벼워졌다. 왜 진작 그 생각을 못 했을까…. 바보 같기만 했다.

선교캠프가 코앞이었다. 아들의 보험의 만기가 가까우니 어차피 깨트릴거면 하루라도 빨리 깨트리고 싶었다. 그래서 원래 작정했던 아들 보험을 해약했다. 그러는 과정에서 은행원의 실수로, 그리고 다른 일과 함께 처리하던 중에 나의 착각으로 계산착

오가 일어났다.

아들 보험금을 입금한 후 통장으로 딸의 보험금도 들어와 있어서 보험금의 자투리 금액을 채워 딸의 이름으로 2건을 더 입금했다. 그런데 딸의 이름으로 송금한 금액 일부가 아들 이름으로 처리되어 있었다.

'분명 딸의 이름으로 신청했는데….'

참 이상한 일이었다. 요는 창구에서 송금하는데 각자의 이름으로 하면 수수료가 붙게 되니 내 이름을 앞에다 넣으라고 하는 은행 직원의 말에 '그래. 수수료만해도 벽돌이 몇 장이지?'하는 생각에 그의 말대로 했다.

딸의 몫으로 보낸 것은 제대로 처리됐다. 그러나 추가로 송금한 전표에 아들 이름이 기록되어 있었다. 집에 와서 정리를 해보니 내가 실수로 아들 몫의 일부를 빠뜨린 금액 딱 그만큼이 아들 이름으로 있었던 것이다. 원래부터 아들의 몫이었고 자투리를 딸의 이름으로 더 보냈던 거였는데 참으로 하나님은 정확하시다는 걸 다시금 깨달았다.

어미의 마음이었지만 나의 인간적인 생각을 다시금 회개하게

하셨다. 그리고 나로 하여금 삽비라와 같은 죄를 범하지 않도록
인도하신 하나님께 감사했다

하나님과 나만의 비밀

내가 옥합을 깨트리는 심정으로 아이들의 보험을 깨트리게 된
데에는 하나님과 나만의 비밀이 있다. 내 아이들은 소위 말하는
세상에 속한, 지금은 하나님을 멀리 떠나있는 상태이다. 두 아이
다 유난스런 사춘기를 보내며 하나님을 떠나 있다. 하나님을 사랑
했던 만큼 더 멀리 가 있는 중이다.

그야말로 세상에서 나그네의 삶을 철저히 살고 있는 중이다. 집
이 있어도 집이 아닌 곳에서 떠돌며 살고 있다. 세상 가운데 있지
만 세상에서도 나그네요, 하나님 안에도 거하지 않는 참으로 알
수 없는 화성인이다. 이제 갓 18살, 20살…. 이렇게 아름다운 나이
인데 벌써 4, 5년째 세상에서 방황하고 있다.

'왜 이렇게 오래 걸릴까? 물론 아직 나의 기도가 모자란 탓이겠지….'

하나님의 또다른 계획이 있을 것이라 믿지만 나의 마음은 안타깝고 나의 힘으로 되는 것이 아님을 날마다 깨달으며 살고 있다.

나는 그날 세상에 뺏겨버린 우리 아이들을 생각하며 다음 세대를 향한 하나님의 마음으로 하늘나라에 보험을 들었다. 이 땅에 사는 자식을 둔 어미로서 이 땅의 모든 아이들의 이름으로 하늘나라에 계신 아버지께 보험을 든 것이다. 세상은 우리 아이들을 지켜주지 못한다. 늘 힘들고 아프고 상처를 받는다. 그럼에도 불구하고 그들은 여전히 그곳에서 벗어나지 못하고 있다.

여호와께 악을 꾀하는 한 사람이 너희 중에서 나와서 사악한 것을 권하는 도다 여호와께서 이같이 말씀하시기를 그들이 비록 강하고 많을지라도 반드시 멸절을 당하리니 그가 없어지리라 내가 전에는 너희를 괴롭혔으나 다시는 너를 괴롭히지 아니할 것이라 이제 네게 지운 그의 멍에를 내가 깨뜨리고 네 결박을 끊으리라_나 1:11~14

나중에 -그때가 언제가 될지 모르지만- 우리 아이들이 언제라도 방황의 끝자락을 보내고 뒤에 계신 예수님을 돌아보았을 때, 예수님께서 내민 손을 붙잡고 하나님께 돌아오는 그날을 소망해 본다. 그리고 그날에 우리 아이들이 하나님의 크신 사랑과 열방의 회복을 원하는 하나님의 비전 앞에 자신의 삶을 주님께 드리는 헌신을 기대한다. 이 땅에 모든 청소년과 청년세대를 그렇게 일으키시리라 믿으며 하늘나라에 계신 아버지께 이 작은 옥합을 드렸다.

비록 지금은 엄마의 뜻이었지만 그들의 이름으로 벽돌이 쌓여졌고 길이 닦아졌다는 것을 그때가 되면 기뻐할 수 있기를…. 이것이 나의 가장 간절한 소망이다. 그래서 이 '열방기도의집'은 내게 또다른 소망이고 기쁨이다.

하늘나라 보험을 들고 온 그날 집을 나갔던 아들이 돌아왔다. 어디가 아픈지 다리를 기듯이 질질 끌면서도 내색하지 않으려는 모습이 티가 났다. "왜 그러냐? 어쩌다 그렇게 됐냐?"고 묻는데 대수롭지 않다는 듯이 병원에 가봐야 한다며 돈을 달란다. 함께 가자고 하는데도 부득불 혼자서 간단다. 아마 밖에는 친구들이 기다리고 있을테지…. 저렇게 아프니 허튼 데다 쓰진 않을 것이다. 결

국 나와는 절대 같이 병원 안 간다는 고집을 꺾지 못하고 병원비를 주어 보냈다.

오토바이를 타고 새벽에 폭주를 하다가 오토바이가 넘어지면서 '부웅'하고 저만큼 나가 떨어졌다는 것이다. 머리가 붙어 있다는 것이 얼마나 감사하던지…. 사고 있던 날이 바로 '하늘나라 보험'을 들고 온 날 밤이었다.

회복을 소망하며

우리가 하나됨으로 하나님의 뜻을 이루는 데에는 많은 것들이 필요할 것이다. 열방기도의집에서 예배가 드려진다는 것은 생각만해도 가슴 뛸 일이다. 또한 열방 곳곳에서 하나님의 손과 발, 나팔이 되고 그 영혼들의 어미가 될 선교사님들이 계속해서 양성되고, 선교지에서 돌아왔을 때 이 땅에 안식할 처소가 있다는 것이 또한 나를 기쁘게 했다. 비단 나뿐만이 아닐 것이다. 내가, 내 자녀가, 간사가 아니고 선교사가 아닐지라도 같은 마음일 것이다.

아직 우리 가정은 믿음으로 온전히 하나가 되지 못한 채 나 혼자 주님을 섬기고 있다. 아이들은 세상 속으로 날마다 더 멀리 가고 있으며, 남편은 날마다 예수님을 부인하는 삶을 살고 있다. 이것이 비단 우리 가정만의 문제이겠는가? 우리 아이들, 내 남편뿐 아니라 이 땅의 모든 아이들과 남편들이 다 주께 돌아올 그 날을 바라본다.

한마음으로 기도하고 한마음으로 예배하며 세상을 하나님께로 돌아오게 할 손과 발들이 되어지기를 소망한다. 그렇게 우리의 아이들, 우리의 남편들이 이 열방기도의집에서 함께 예배하며 함께 열방으로 나아가 열방을 회복하는 자로 서기를 소망해본다.

그리고 우리 모두 주님 안에서 하나되어 끝날까지 함께 승리한 자로 주님 만나기를 소망한다.

고난 당한 것이 내게 유익이라

문인석 장로_ 구미

고난당한 것이 내게 유익이라. 이로 말미암아 내가 주의 율례
들을 배우게 되었나이다_시 119:71

이 말씀으로 많은 사람이 위로를 받는 줄 압니다. 나 역시 이 말씀을 참 좋아합니다.

교회를 열심히 다니긴 하지만 늘 무언가 부족함을 느끼며 영적인 목마름을 채우기 위해 전도세미나 등 여러 유명한 집회를 찾아 서울로 부산으로 먼 길을 마다 않고 좇아 다녔습니다.

젊은 시절 내가 그렇게 무시하고 거부하고 싫어했던 교회, 나를 전도하려고 굉장히 애를 쓰며 찾아 오던 친구에게 무안을 주며 쌀쌀맞게 대하고 계속 전도 하려거든 다시는 나를 찾아오지 말라고 짜증을 내던 내가 예수님으로 가장 목말라하던 그런 시간이었습니다.

그러면서 또 몇 년이 지나갔습니다. 하루하루의 생활이 매우 어렵고 감당하기 어려운 문제는 계속 터지고, 참으로 고통스러운 날들의 연속이었습니다. 나의 영혼은 심한 갈증과 배고픔으로 메말라가고 있던, 참으로 암담한 시절이 있었습니다. 그때는 몰랐습니다. 그 모든 것이 그분의 훈련 과정이란 것을….

그러한 나를 '인터콥' 선교훈련을 통해 나를 향한 주님의 계획과 말씀에 순종하는 삶이 무엇인지 알게 해주었습니다.

상주에 열방기도의집이 세워진다는 소식을 처음 들었을 때 소요 자금에 대한 계산이 먼저 떠올랐습니다.

'엄청난 자금이 투입되겠구나….'

이미 특별한 헌신자들과 계획 속에서 어느 정도는 준비가 되어 있는 줄로 알았습니다. 그런데 나중에서야 느헤미야 프로젝트에 대해 듣게 되었습니다.

'그게 가능할까?'

현실적으로 아무리 뒤집어보고 계산을 해보아도 너무도 황당한

이야기로 들렸습니다.

어느 정도는 기본적인 준비는 되어야 공사의 첫 삽을 뜰 수 있는 것인데…. 믿음의 눈으로만 볼 수 있는 것이지 아무나 보는 게 아니었습니다.

'믿음의 눈' 세우기

느헤미야서를 다시 읽기 시작했습니다. 3장부터 공사 시작과 함께 공사 구간에 대한 책임지고 시공한 사람들이 자세히 명시되는데 남자와 여자와 젊은이와 노인들까지 동원되어 자원하는 사람들만이 참여하였으며 예루살렘 성 가운데 지도자 중에서도 참여하지 아니한 사람들도 다수 있었음을 알 수 있었습니다. 할 만한 사람들이 있었으면서도 그 영광된 역사에 참여하지 아니하였다고 기록하고 있는 듯 하였습니다.

소망이 끊어지고 황폐한 그 땅에 하나님께서 새로운 세대를 일으키셔서 하나님의 계획을 성취해 가시는 역사를 볼 수 있는 눈을 가진 사람들만이 볼 수 있었고, 참여할 수 있었고, 그 이름들이 지금 성경에 기록되어 우리에게 도전과 위로를 주고 있음을 발견하게 되었습니다.

열방기도의집! 이 시대에 다시 한번 하나님께서 그분의 사람들을 일으키셔서 사용하시는 현장이라는 것을 깨달았습니다. 잠든 교회들을 깨우고 병든 교회들을 치료하는 일꾼들로 우리 모두를 부르셨습니다. 열방 민족을 깨울 뿐만 아니라 우리 한국교회가 깨어나는 현장을 볼 수 있었습니다.

현장에 올 때마다 기대가 되고 기쁨이 오는 것을 느꼈습니다. 주님께서도 기뻐하시는 것 같아 너무도 감사했습니다. 젊은 자매들과 여집사님들이 작업복에 안전모를 쓰고 각목과 철근 토막을 나르는 모습이 너무도 예쁘게 보였습니다. 나 같은 나이 든 사람들은 몸으로 헌신한다고 해봐야 젊은이들에게 걸림돌만 될 것 같았습니다. 바쁘게 움직이는 느헤미야들을 바라보며, '도대체 뭘 먹고 사나? 학교에 다니는 아이들도 있고, 가장으로서 책임질 일이 한두 가지가 아닐텐데…' 하며 아무 도움도 못되면서 다녀 올

자매 현장 보조 느헤미야

때마다 걱정만 하였습니다.

그러나 식량도 모자라고 일의 진척도 생각보다 더딘, 참으로 악조건 속에서도 오직 하나님의 신실하심만을 바라보았던 느헤미야의 군대들처럼 상주 현장의 느헤미야들 또한 그러하리라!

열방기도의집 현장을 섬기는 느헤미야들을 보면서 여전히 세상 것들에 매여 숨 가쁘게 살아가는 나의 모습이 너무도 초라하게 보였습니다.

이러한 가운데 매일 매일 채워져야 하는 현장의 다양한 공사 자재와 재정에 대해 생각을 하지 않을 수가 없었고 관심을 갖게 되었습니다.

10여 년 전 한 달에 대여섯 번씩 돌아오는 약속어음 결재를 위해 조바심하던 때를 기억하게 되었고, 나의 일이니까 당연히 회사 대표가 담당해야 할 몫이지만, 공동체의 일을 위해 내 일처럼 부족한 재정을 위해 기도하며 애 태우는 헌신자들을 생각하니 기도를 안 할 수가 없었습니다.

생명 연장의 아름다운 이유

2010년 11월, 서울 ㅇㅇㅇ병원에 아내가 혼자 다녀왔습니다. 생명보험에 가입하기 위해 10년 전 제가 그 병원에서 림프종악성 암 수술 받은 확인서가 필요해서 간 것입니다. 담당 의사가 지난 의료 기록 카드를 한참 들여다보다가 이렇게 물었다고 합니다

"이 사람 아직 살아있습니까?"

"예. 열심히 일하고 있습니다."

"와! 이건 학회에 보고감인데요? 이 사람이 아직 살아있다니…."

혈액암의 위험성과 수술 후에 나의 상태를 잘 알고 있기에 한 말인 줄 압니다. 그날 담당 의사는 이 병의 심각성과 나의 상태에 대해 매우 심각한 상태라고 설명하면서 시기를 놓치면 매우 위험하니 서둘러 일상의 일들은 속히 정리하고 의사의 지시에 따라 입원해서 본격적인 방사선 치료를 시작해야 한다고 했습니다.

당시 아무 생각도 할 수가 없었고 당연히 그렇게 해야 한다고 생각해 일주일 후에 재입원하도록 병실을 예약한 후 구미로 향하였습니다. 사실 그땐 사업상 형사사건으로 인해 검찰 조사를 받고 있었기에 그 문제 해결이 가장 시급한 사안이었고, 구치소에서 갇혀있다가 나온 상태였기에 병원에서 죽을 병에 걸렸다고 의사가 말을 하는데도 별로 심각하게 받아들일 마음의 어떤 틈이 없었습니다. 나쁜 일이 올 때는 줄을 지어 온다던가…. 바로 나의 그 당시 상황이 그러했습니다. 아내에게도 너무 미안했습니다

병원에서 시키는 대로 일주일 후 다시 올라와서 치료를 받기 위해 병실을 예약하고 집을 향해 고속도로에 올랐습니다. 수원을 막 지나갈 때 운전하는 아내의 옆 얼굴을 바라보며 지금 내가 아내에게 이 말을 해야 하나 말아야 하나 몇 번을 망설이다가 입을

열었습니다.

"여보. 아까는 당황스러워서 아무 생각 없이 의사의 지시에 따라 치료하겠다고 대답했는데 이제 곰곰히 생각해보니 병원 치료 받고 싶지 않아."

나는 기도하며 주님께 매달리고 싶었습니다. 날아다니는 참새 한 마리의 목숨도 하나님께서 허락하지 않으시면 땅에 떨어지지 않는다고 했는데 하물며 우리 사람의 생명이 참새보다 더 소중하지 않은가?

만일 하나님께서 나의 생명이 여기까지라고 이미 결정하셨다면 병원에서 아무리 뛰어난 의술로 치료를 받는다 해도 나는 이쯤에서 죽을 것이고, 또 아직 이 세상에 더 할 일이 있다 하신다면 어떤 몹쓸 병에 걸렸다 할지라도 나는 죽지 않을 것입니다. 그래서 하나님께 맡기고 싶었습니다. 어리석은 생각일지 모르지만 이번 기회에 내가 정말 하나님을 확실하게 신뢰하고 있는지 테스트 해보고 싶었습니다. 아내도 의외로 간단하게 대답했습니다.

"나도 지금 당신과 같은 생각을 하고 있었는데 당신이 먼저 말을 하네요. 당신 생각대로 우리 주님께 맡기고 기도합시다."

주위에 많은 사람들과 목사님까지도 우리의 생각을 듣고는 걱정하면서 적극적으로 만류하기도 하였습니다.

"그래도 병원치료를 받아야 합니다. 그래선 안 됩니다. 하나님께서는 의사의 손을 통해서도 치료해 주시는 것입니다."

병원의 치료 프로그램을 거부한 채, 히스기야왕의 흉내를 내기로 마음을 굳힌 것이 경부고속도로를 달리는 자동차 안에서였습니다. 그리고 2년이 지나서 깨끗하게 치료된 것으로 판정을 받았습니다. 암이 깨끗이 치료된 것입니다. 그분이 고쳐 주셨습니다. 할렐루야!

'하나님께서 나에게 생명을 연장시켜 주신 이유가 무엇일까?

상주 열방기도의집 공사 현장을 다녀올 때마다 이 때를 위해 나를 살려주셨고, 나를 사용하시기 위해 내 생명을 연장해주셨다는 것을 더욱 확신하게 되었습니다.

마침 열방기도의집 뒤쪽에 땅을 사지 않으면 토목 공사가 어려울 것이라는 소식을 듣게 되었습니다. 당시 제가 운영하는 회사는 여러가지 상황으로 피해를 받고 자금 사정도 어려움 가운데 있었습니다. 특히 2곳의 거래처 회사가 부도를 맞아 금전적 손해가 말이 아니었습니다. 그러나 죽어 마땅한 나를 하나님의 은혜로 아무런 값없이 살려 주셨듯이 열방의 죽어가는 영혼 살리는 일에 그 땅이 필요하시다면 제가 해드리고 싶었습니다.

앞으로 이 열방기도의집에서 열방을 살릴 더욱더 많은 주님의 일꾼들이 필요합니다. 우리 시니어 세대들 가운데 더욱더 많은 보급부대가 일어났으면 좋겠습니다.

작년 겨울에는 찬바람에 날카로움이 예년보다 몇 배나 더 깊었던 것 같습니다. 그러나 공사 현장에서 추위와 씨름하며, 열방을 품고 달려가는 느헤미야와 수많은 동역자들과 함께하고 있음에 감사드립니다. 주님께서 추위 속에서 함께 일하고 계십니다.

주님! 저희들을 사용하여 주옵소서!

주님! 저희들을 보내주옵소서!

심으면 거두리라!

무명_ 창원

2011년 초 여성사역부 간사님으로부터 '옥합 프로젝트'를 소개하는 전화를 받았다. 여성들에게 자신들의 옥합을 깨트려 느헤미야로 동참하자는 내용이었다.

어떻게 여성들을 이 프로젝트에 동참시킬 수 있을지, 또 여성들이 참여하여 옥합을 깨트린다고 한들 이 거대한 공사에 얼마나 도움이 되는지 '바위에 계란치기가 아닐까?'하는 생각이 들었다. 취지는 좋지만 불가능해 보이고 믿음이 생기지 않았다.

그러나 아무리 미덥잖아도 먼저 알게 된 죄로 한 계좌를 심었다. 그리고 한 사람 더 동원을 하고는 마음의 짐을 벗어 버렸다. 그러나 열방기도의집에 매달 기도하러 올라갈 때마다 현장에 계

시는 간사님들, 선교사님들, 느헤미야 분들을 통해 그 분들의 섬
김과 믿음이 나에게도 어느새 전수되어 갔다.

각자 자발적으로 묵묵히 성실하게 불평하지 않는 모습으로, 자
기 것을 주장하지 않고 '주님이 하십니다' 하면서 겸손히 섬기는
모습을 보면서 공사 현장을 다녀올 때마다 나의 부족한 모습과 믿
음 없음에 부끄러운 마음을 감추며 집으로 돌아오곤 했다.

그러던 중 창원에 본부 간사님이 오셔서 열방기도의집 비전 나
눔을 하시면서 우리 지부가 비전센터와 느헤미야동 지붕공사를
맡았으면 좋겠다고 말씀하셨다.

그날 하나님이 주시는 말씀으로 지체들이 같은 마음으로 순종
하기로 결정했다. 너무 큰 공사라 마음이 힘들고 이것을 어떻게
동원해야 하나 걱정부터 앞섰지만 마음 한 구석에 접어뒀던 옥합
프로젝트를 다시 하기로 했다.

행동할 때 커지는 믿음

창원 지역에서도 옥합프로젝트가 시작되었다. 나의 믿음은 도저히 일어나지 않았지만 말씀에 의지하여 하나님이 일하실 것이고 '나는 순종만 하자' 라고 마음으로 결단하였다. 그리고 나중에 혹시 귀한 일에 쓰이지 않을까 하여 모아두었던 재정을 열방을 살리고자 하는 간절한 마음을 담아 주님께 믿음으로 드렸다.

그러자 '심어야 거둔다' 는 진리가 은혜로 다가오기 시작했다. 많은 사람들이 믿음으로 일어나 자신의 옥합을 주님께 드리기 시작했고, 아름답고 눈물어린 가슴 뭉클한 사연들이 쏟아져 들어왔다.

주님은 우리의 순종을 받으시고 은혜와 더 큰 믿음으로 보답해 주셨다. 날이 갈수록 하나님의 일하심을 보면서 상주 열방기도의 집 공사 현장에 계시던 분들의 '주님이 하십니다'라는 고백이 내 입에서 절로 나오는 것을 보면서 나 자신도 놀랐다. 믿음은 듣고 보고 행동할 때 커진다는 것을 배우게 되었다.

옥합의 비밀

　3년 전 적금을 타서 열방기도의집에 헌금하려 했었던 적이 있다. 그때 마침 홀로 아이를 키우는 어떤 권사님이 다급한 일로 돈을 빌려 달라 했다. 내키진 않았지만 하필 그날 그분이 부탁해온 것은 하나님이 그분에게 주라는 말씀이구나 싶어 빌려드렸다.

　갚을 만한 형편도 안 되는 데다가 다른 곳으로 이사를 가버려서 잊고 있었다. 그러다 얼마 전 그분이 갑자기 전화를 해서는 만나자는 것이었다. 그리고 하나님께서 그 돈을 갚으라는 마음을 주셨다는 것이었다.

　마침 그날 캠프 때 참가자들이 식사할 때 필요한 식판이 없다는 소식을 듣게 되었다. 캠프 날은 다가오고 있고 많은 훈련생들이 모일텐데 이 귀한 하나님의 자녀들이 식판이 없어 밥을 못 먹을거라 생각하니 나도 마음이 다급해졌다. 그리고 마침 하나님께서 주신 재정이 이 때를 위함이라는 생각이 들었다. 그리고 그날 받은 재정을 기쁨으로 심었다.

　하나님은 3년 전 이미 그 돈을 열방기도의집에 대한 헌금으로

식사하기 위해 배식을 기다리는 2012년 청년대학생선교캠프 참가자들

받으시고 먼저 그 권사님의 필요를 채우신 다음, 때가 되어 돌아오게 하신 것이다. 나는 그것을 열방기도의집에 심으면서 하나님께서는 내가 어떻게 준비한 것인지 잘 아시고 나에게 소중한 것들, 진짜 옥합을 드리길 원하신다는 것을 깨닫게 되었다. 그리고 언제 돈이 생기는지도 정확히 알고 계셨다.

지부의 한 사람 한 사람에게도 은혜를 주셔서 지붕공사도 기쁨으로 채우게 하셨다. 하나님이 우리에게 주신 것을 움켜쥐면 그것만 내 것이지만 손을 펴면 더 넘치게 부어 주신다는 평범한 진리가 내 삶 가운데서 이루어지며, 하나님과의 비밀이 생기고 있음을 보게 되었다.

하늘 은행에 저축하라

열방기도의집 느헤미야 프로젝트에 동참하면서 말씀대로 행동하지 못했던 나의 믿음을 보게 하시고 말씀이 실재가 되어지는 여러 가지 경험들을 하게 하신 하나님께 감사드린다. 앞으로의 삶 가운데서도 말씀이 실재가 되는 삶, 성령의 인도하심에 순복하는 삶을 살기를 소망한다. 그리고 재정뿐 아니라 삶의 전반에 있어서 하늘에 심고 저축하는 삶을 살기를 다짐해 본다.

각자 귀한 간증들을 갖고 있지만 드러나지 않은 많은 지체들이 주안에서 크고 놀라운 하나님과의 비밀을 누리며 주님과 친밀함으로 동행하기를 기도한다.

마라나타! 주! 예수여! 어서 오시옵소서!

태평양을 건너온
아름다운 두 부부 이야기

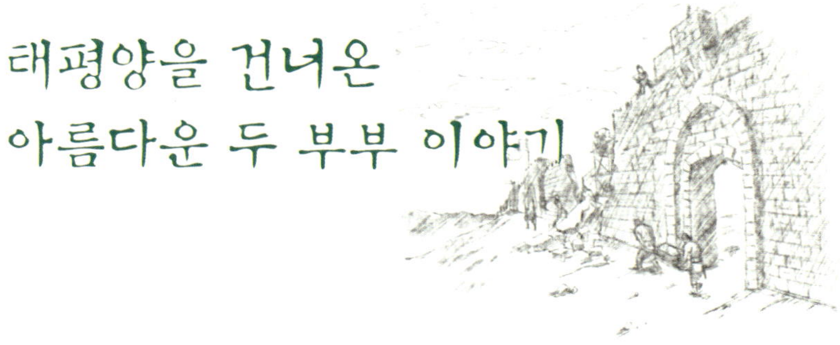

카타리나_ 미주 씨애틀

할렐루야! 주의 행하심을 찬양합니다.

과부의 두 렙돈과 마리아의 향유를 받으시고 기뻐하시는 하나님께 감사하며, 믿음으로 이 시대의 노아의 방주를 짓게 하신 주의 이름을 찬양합니다. 또한 열방기도의집을 통해 이 시대의 여호수아 세대가 일어날 것을 소망합니다.

우리 부부는 그냥 한 마리 나귀에 지나지 않습니다. 그분이 이런 저희 등에 타 주셨습니다. 이제 막 걷기 시작한 나약한 나귀인데 말입니다. 생각도 그의 것이며, 행하신 이도 그분이시기에 이 글을 쓰기에 참 미천합니다. 그분이 저희 등에 타 주셨기에 호산나 찬양을 함께 들으며, 그분의 행진에 저희도 동참하였습니다.

첫 번째 부부 이야기

미주에서 간사로 섬기고 있는 저희 부부는 뉴욕에서 열리는 간사 컨퍼런스에 참여하였습니다. 당시 우리 가정의 상황은 비참할 정도로 어려웠지만 마음만은 하늘 나라의 풍요로 가득하던 때였습니다.

하늘의 찬양이 저희의 입술을 통해 퍼져나갔으며, 우리의 두 발은 하늘의 풍악 소리에 맞춰 춤을 추며 그렇게 예배를 드린 후 앞으로 진행될 열방기도의집 비전 나눔이 있었습니다.

열방기도의집은 하늘 나라의 군사기지였습니다. 끊임없는 기도로 무기가 생산되며, MK(선교사 자녀)와 현지인 사역자들을 주의 종으로 무장·훈련시키는 여호수아 세대의 건립이었습니다. 열악한 환경에서도 항상 "내게 부족함이 없나이다. 내 잔이 넘치나이다" 고백하시는 선교사님들의 안식처였습니다. 또 이곳에서 왕의 군대가 훈련되어 열방으로 나가게 될 것이라고 했습니다. 저의 마음이 얼마나 흥분되던지요….

'10만 불씩 90명이면 될까?' 하는 철 없고 담대한 생각이 떠올랐

습니다. 하지만 당시 저희 가정은 경제적으로 어려운 상황 가운데 있었습니다.

'아! 우리 가정도 하면 좋은데…. 그 90명 중에 1명이 되면 어떨까? 남편은 이런 내 생각을 들으면 어떻게 생각할까? 아마 철부지 어린아이 보듯 하겠지? 그래도 얘기는 해 봐야지'하고 생각하고 있었습니다.

쉬는 시간에 남편에게 이야기했습니다. 저희 신랑도 아주 담대하게 저의 생각과 똑같은 말을 하더라구요.

"10만 불씩 90명이면 되겠네."

아멘. 할렐루야!!! 생각이 주께로부터 시작되었으며, 주의 행진이 이 연약한 나귀를 통해 시작되는 순간이었습니다. 너무 기뻤습니다. 이어지는 예배 가운데 주체할 수 없는 기쁨이 충만했습니다.

그래서 열방기도의집 담당 간사님께 조심스레 다가가 머쓱하고 부끄러운 마음으로 저희 두 사람의 뜻을 전달하였습니다. 이 비유가 적절한지는 모르겠지만 마리아에게 예수님은 너무나 높고 귀하신 분이었습니다. 그래서 마리아의 향유가 마리아에겐 너무나 작고 약소한 향유였을 것입니다. 사람들은 향유를 많은 돈으로 환

산했지만 마리아는 더 큰 것을 드리지 못해 안타까웠을 겁니다.
저희 부부도 그랬습니다.

　저는 그 당시 그 일이 미주에서 이미 진행되고 있는 줄 알았습
니다. 그런데 이번 열방기도의집 비전 나눔이 미주에서 처음 갖는
것이었고, 저희 부부가 미주에서의 첫 재정 느헤미야라는 것이었
습니다. 하지만 하나님은 시기를 구분하지 않으시고 느헤미야 프
로젝트에 우리 부부를 처음부터 끝까지 동참시키셨습니다.

두 번째 부부 이야기

　몇 년 전, 미주에서 선교캠프가 열린 날이었습니다. 한국에서
저에게 연락이 왔습니다. 시애틀에 사는 어떤 부부의 이야기였습
니다. 이메일로 다음과 같은 문의를 해왔다고 합니다.

　"저희는 우연히 열방기도의집을 알게 되었는데, 그 일에 조금이
나마 도움이 되고 싶습니다. 지금은 경제 사정이 좋지 않아 크게
도울 수는 없고, 금이 아주 조금 있습니다. 너무 조금이지만 그나

마 도움이 되고 싶습니다. 그런데 어떻게 이 금을 부쳐야 할까요?"

이 소식을 들은 저희 부부는 시애틀에 사는 그 분들과 통화를 했습니다. 저희 집과 1시간 30분 남짓한 거리에 살고 계셨습니다. 그 분들은 별 것 아닌데 번거롭게 해드려 죄송하다는 말만 연신하시는 것이었습니다. 전 그 분들의 성의가 어찌나 감사한지 저희 집에 초대하여 식사라도 대접하고 싶었습니다. 그러나 너무 바빠서 올 수 없다고 하였습니다. 그래서 저희 부부는 그 분들이 일하는 곳의 주소를 물어 그분들의 일터로 찾아갔습니다.

작은 시골 마을에 있는 한 식료품점에서 그 분들을 만날 수 있었습니다. 훤칠한 키에 서른 살 중반의 맑게 생기신 분이 우리를 맞이하시며 "번거롭해서 죄송합니다. 별거 아닌데…" 라며 미안함을 감추지 못하였습니다. 오히려 미안하고 감사한 것은 우리 부부였습니다.

저희는 궁금했습니다. 이 분들이 어떻게 열방기도의집 비전을 알게 되었는지, 훈련은 받았는지 등 몇 가지 궁금한 것들을 여쭤봤지만 "아내와 장모님이 BTJ 메시지를 들었다"는 것 외에는 달리 별 말씀을 하지 않으셨습니다.

그래서 부인을 만나 뵙고 싶어졌습니다. 그러나 부인도 너무 바쁘기 때문에 만날 시간이 여의치 않다는 것이었습니다. 그래서 휴대폰 번호를 물어보았더니 "아마 받지 않을 겁니다" 라고 하셨습니다. 전화 비용 때문인 것을 금방 알 수 있었습니다. 미국은 한국과 달리 수신자도 통화료를 부담해야 하기 때문입니다.

그 분은 다시 한번 "죄송합니다. 바쁘신데 여기까지 오시게 해서…" 라고 하시며 노란색 봉투를 건네 주셨습니다. 저희는 인사를 하고 차로 돌아왔습니다. 남편이 운전하는 동안 전 봉투을 열어 보았습니다.

"이를 어째! 이를 어째!"

제 입에선 이 말밖에 나오지 않았습니다. 그 안에는 그들의 전재산이 고스란히 들어있었습니다. 감정서와 감정 받았던 곳으로 여겨지는 봉투까지 그대로 들어 있었습니다.

지퍼 백 하나에는 순금세트, 다른 지퍼 백엔 노란 보석 세트, 또

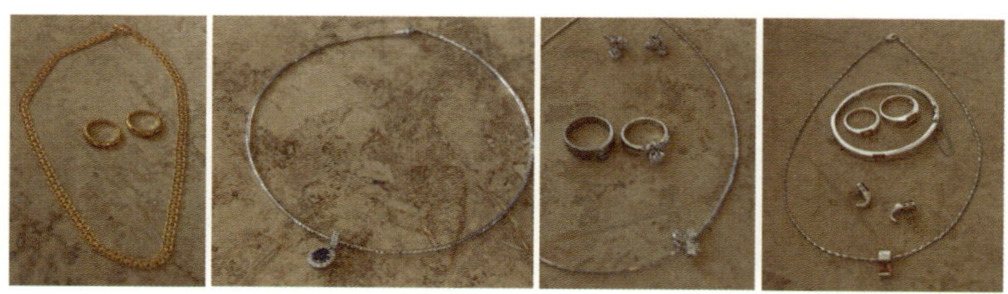

▼ 시애틀 부부가 열방기도의집을 위해 드린 예물들

다른 지퍼 백엔 사파이어 목걸이, 그리고 마지막 지퍼 백엔 다이아
몬드 세트가 들어 있었습니다. 장롱 깊은 곳에 감춰두었던 그들의
보물. 모든 여인네들이 결혼 패물을 그토록 귀중히 여기듯 장롱 깊
이 숨겨놓은 가장 귀한 그들의 예물이었습니다.

그 사랑이 어찌나 아름다운지 '아! 하나님!' 하는 탄식과 함께 눈
물이 복 받쳐 흘렀습니다. 어찌 아버지가 이 부부에게 마음을 빼앗
기지 않을 수 있겠습니까? 어찌 아버지가 이 부부에게서 눈을 뗄
수 있겠습니까? 어찌 무엇이든 주고 싶지 않겠습니까? 그 깨끗하
고 순결한 고귀한 섬김 앞에서 우리 부부의 눈에서는 보석 같은 눈
물이 하염없이 흘러 내렸습니다. 전부를 드리면서도 조금밖에 드
리지 못해 미안해 하는 그 사랑의 마음….

"아버지! 당신은 위대하십니다. 당신은 찬양 받기에 합당하십니
다. 당신의 영광이 온 땅을 덮습니다."

신기한 것은 그분들이 아버지께 드렸는데, 우리의 눈에는 아버
지의 영광밖에 보이지 않았고, 우리의 입술은 아버지만을 찬양하
고 있었습니다. 이들의 하나님을 향한 사랑이, 하나님 아버지의 영
광만을 나타내게 한 것입니다. 이와 같은 축복이 하나님 아버지의

자녀된 우리 모두에게, 또 우리 자녀들에게 임하기를 간절히 기도드렸습니다.

그리고 지금도 기도드립니다. 이러한 물질과 달란트, 기도가 모여 열방기도의집이 지어져 가고 있습니다. 우리의 것이 아닌 아버지의 것으로 지어져 가고 있습니다.

> 이스라엘 자손에게 명하여 내게 예물을 가져오라 하고 기쁜 마음으로 내는 자가 내게 바치는 모든 것을 너희는 받을지라_출 25:2

즐거운 마음으로 제게 있는 것을 주님께 드립니다. 열방기도의집을 알게 하시고 내게 있는 모든 것을 아낌없이 바치라는 저에게 주신 메시지로 알고 드렸습니다.

또 열방을 위해 기도하는 열방기도의집이 세워지는 것에 감사를 드리며 수고하시는 모든 분들께 감사드립니다. 비록 적지만 저희 부부가 이렇게 동참할 수 있게 해주신 주님께 감사를 드립니다.

세상의 즐거움을 내려놓는 기쁨

김명환 형제_ 거제

저는 자전거를 많이 좋아했었습니다. 미친 듯이요! 어릴 때부터 시골 동네에 살아서 자전거를 많이 탔었습니다. 제가 본격적으로 전문적인 MTB 자전거를 접하게 된 것은 2009년에 무릎을 다쳐서 재활 치료를 받기 시작하면서 부터입니다.

MTB 자전거 타는 게 좋아서 동호회 활동도 하고 여러 사람들과 어울리면서 열심히 타다 보니 무릎을 다쳐 입원해 있으면서 불어난 몸무게를 3개월 만에 10kg을 감량했었습니다. 그렇게 밤이건 낮이건 사람들과 어울리면서 자전거를 열심히 탔습니다. 1년에 자전거 주행거리가 무려 3,000km나 되었답니다.

자전거에 물질적인 투자도 많이 했고 자전거를 잘 탔기 때문에 주위 사람들이 저에게 자전거 대회를 나가보라고 제안을 하는 것이었습니다. 그래서 작년 봄에 나간 대회에서는 1명 차이로 입상을 하지 못했던 아쉬움도 있었습니다.

그렇게 자전거에 빠져 지내다가 2011년 여름 7박 8일간의 몽골 단기선교를 준비하면서부터 자전거와 조금씩 멀어지기 시작했습니다. 단기선교 준비를 위해 퇴근 후 매일같이 교회를 가야 했기 때문에 시간이 없었던 거죠. 몽골에서 폭풍 같은 하나님의 은혜를 체험한 후 교회에서 기도회 모임이 있다 보니 자전거와 조금씩 멀어지게 되었습니다. 그래도 어떨 때는 기도회에 빠지고 자전거 타러 갈 때도 있었습니다. 항상 교회와 자전거 두 개를 놓고 갈등했었지요. 지금 생각하면 제가 감히 하나님과 세상을 두고 갈등했던 것 같습니다.

그렇게 지내다가 그 해 12월초에 회사에서 일을 하다가 손목을 다쳤습니다. 2주 동안 깁스를 하고 집에서 푹 쉬었습니다. 그때 저는 '아! 하나님께서 나보고 좀 쉬어라고 하시는구나' 라고 생각하며 정말 푹 쉬었습니다. 그러나 2주가 지나고 깁스를 풀었는데도 여전히 그대로 아픈 거였습니다. 그제서야 하나님께 기도를 했

습니다.

"주님 제가 왜 다친 겁니까? 왜요? 왜요?"

왼쪽 손목인데 세수도 못할 만큼 손목이 불편했습니다. 회사에서는 제가 계속 아프다고 하니깐 정밀 검사를 해보라고 했습니다. 그래서 부산에 있는 병원에 가서 검사를 받았는데 그냥 단순한 '염좌' 정도로 나온 겁니다. '염좌'라는 병명은 멀쩡한 사람이 가서 검사해도 다 나오는 병명입니다.

저는 그렇게 아픈데도 병명은 안 나오고…. 답답한 마음으로 부산에서 거제도로 돌아오는 길이었습니다. 혼자 운전을 하면서 오는데 갑자기 눈물이 왈칵 쏟아졌습니다. 엉엉 울면서 기도하며 오는데 마음속에 '아! 자전거때문이구나!'하는 감동이 팍팍(!)오는 겁니다. 그러나 갈등도 되었습니다.

'아! 주님! 아직은요. 좀더 타야할 것 같은데요? 아직 대회에서 입상도 못해봤고요….'

그렇게 갈등하며 거제도에 도착했을 때 하나님이 주신 마음의 감동과 은혜가 나로 하여금 결단을 하게 했습니다. 자전거를 팔기로 결심하고 바로 인터넷 싸이트에 올렸습니다. 그러나 회사 동료나 동호회 회원들을 만나면 "왜 팔아? 손목 나아서 타면 되지 않아? 너 잘 타잖아! 손목 나으면 내년 봄에 대회 나가서 입상해야지?"하며 자전거를 팔지 못하도록 부추겼습니다. 그리고 겨울이라 자전거 비시즌이기 때문에 잘 팔리지도 않는 상황이었습니다.

하나님으로부터 배달된 편지

어느 날 퇴근 후에 기숙사로 들어오는데 한통의 편지가 와 있었습니다. 봉투를 보니 지난 6월 달에 회사에서 실시했던 전 사원 교육 때 자신에게 쓰는 편지였습니다. 제 기억으로 1년 뒤에 보내준다면서 1년 후의 모습을 상상하며 쓰라고 했던 것 같은데 1년 뒤가 아닌 6개월 뒤에 온 것입니다. 6개월 전에 작성한 편지 내용이 기억 나지 않아 궁금해서 얼른 뜯어서 읽는데 이러한 내용이 적혀져 있었습니다.

"내 머릿 속엔 이번 주 토요일에 있을 의령대회 생각밖에 없다. 솔직히 내 경험과 재미삼아 나간다지만, 입상에 대한 욕심도 가득하고, 아무튼 최선을 다해서 좋은 성적내길!!

그리고 이번이 처음이자 마지막 대회가 될 거 같다는 생각도 든다. 세상의 욕망이 아닐까? 세상을 사랑하는 나의 욕심이 아닐까 하는 생각도 든다. 그래. 언젠가는 자전거도 내려 놔야 겠지 ….

대회를 한 2주 정도 준비하면서 마음 한구석은 찔리는 마음, 하나님께 죄송한 마음, 이건 아닌데라는 마음. 비전스쿨 졸업한 지 며칠이나 됐다고 이러고 있는지 ….

하나님에 대한 나의 열정이 식어져 가는 건가? 그래. 예배자로 예배의 도구로 사용되는 것! 나의 지금 이 마음이 흔들리지 않고, 더욱더 커지고 자라가길 기대한다. 명환아!!"

1년 뒤에나 와야 할 편지가 왜 그때 왔는지는 모르겠지만, 이렇게 적혀진 편지를 통해 하나님은 제게 한번 더 확실히 말씀해 주시는 것 같았습니다. 그러나 현실은 자전거가 팔릴 가능성이 거의 없는 상황이었습니다. 편지를 받은 다음 날인가 처음으로 지부 사무실에 놀러갔습니다. 대표 간사님과 이런저런 대화를 하다가 열 방기도의집 짓는 데 우리 지부에서 감당하기로 한 금액이 다 채워 졌냐고 물어보니 150만 원이 남았다고 하는 겁니다. '150만 원' 이 라는 말에 감동이 또 팍팍(!) 밀려오기 시작했습니다.

지부 대표 간사님이 예수님께 향유를 부으며 자신의 인생 전부 를 드린 이야기를 하는 겁니다. 집으로 돌아오는 길에 생각했습 니다.

'나는 여지껏 돈에 욕심이 많이 없다고 스스로 생각했었는데…. 제게 직장을 주신 분도 하나님이시라고 철저히 믿고 있었고요.'

그런데 제가 그 돈 앞에 얼마나 더럽고 치사한지요. 집으로 운 전하며 돌아오는 길에 그런 치사한 저의 모습에 또 엉엉 울 수밖 에 없었습니다. 그래서 집에 돌아와서는 200만 원에 올려놓았던 자전거를 160만 원으로 내렸습니다. 왜 160만 원이냐면 제가 10 만 원 남겨 먹을려고 했었지요. 더럽고 치사한 저의 모습을 또 보 았습니다.

답답한 마음에 다음 날 새벽기도에 갔다가 기도하다 보니 '그 래. 나는 그 향유를 부으며 인생 전부를 드린 그 처녀처럼 인생 전

부는 드리진 못하지만 어차피 하나님의 은혜로 내려놓는 거 전부 드리자' 는 마음이 생겼습니다. 그리고 판매 사이트에 160만 원으로 올려 놓았던 자전거를 150만 원으로 다시 올렸습니다. 그러자 몇 시간 지나지 않아서 4~5명이 제 자전거를 사겠다고 연락이 오는 겁니다. 그렇게 해서 자전거 판매금 150만 원을 아무 미련 없이 헌금했습니다.

그 뿐만 아니라 자전거 하나 때문에 여러 가지 은혜가 많았습니

▼ 판매 당일의 MTB 자전거

다. 회사에서도 작년 가을쯤부터 제가 일을 잘한다는 말들을 많이 들었었거든요. 그래서 혼자 무리하게 욕심내어 일하다가 다친 거였습니다.

그렇게 회사에서 사람들에게 인정받으려고 하는 마음, 자전거 대회 나가서 입상하고 싶었던 마음, 그렇게 세상에서 인정받으려고 하는 저의 마음을 내려놓게 하셨습니다.

하나님이 아닌 자전거를 타면서 만끽했던 나의 즐거움들을 하나님께서는 원하시지 않는 것 같습니다. 세상이 주는 즐거움과 멀어지게 하시고 하나님과 가까이 하시길 원하시는 것 같았습니다.

그후 2012년 1월 첫째 주 청년대학생선교캠프를 참석하게 되었습니다. 3박 4일간의 캠프 가운데 저에게 주신 은혜는 제가 최고 좋아하던 자전거도 이렇게 내려놓게 하시면서 저를 사용하시기 위해 훈련 중이시라는 것을 깨닫는 것이었습니다.

언제가 될지는 모르겠지만 회사도 내려놓고 복음 들고 열방으로 가라고 하실 것 같습니다. 그때는 주저 없이 달려가길 기도하며 결단하는 시간이었습니다.

아! 그리고 제가 예배팀에서 기타 반주로 섬기는데 왼쪽 손목을

다쳐서 한 달 정도 기타를 못 잡았었는데 안 나으니깐 이러다가 평생 기타도 못 치는 건 아닌가 하는 생각에 '주님! 기타 치고 찬양할 수 있게는 해주셔야죠!' 하는 기도도 했었습니다. 그래서 지금은 딱 기타 칠 정도만 나은 것 같습니다. 아직 무거운 건 잘 못 들거든요. 몸은 좀 불편하지만 하나님의 은혜가 더욱 더 크기에 정말 감사합니다.

Ⅲ. 왕의 군대

어린이 용사들이 나간다! 아돌프로젝트!

_ 차혜리 간사(어린이사역부)

* 고우석 어린이 - 기도로 짓는 집

적벽돌 사수하기 프로젝트, 적벽대전!

_ 이금주 간사(청소년사역부)

* 평택 한광여고 김은빛-벽돌과 함께 쌓아가는 하나님의 비전

* 포항 이동고 강주은-벽돌 한장에 우리의 마음을 실었습니다

* 청주 충북여고 신지은-열방을 품은 충북여고

건축학도의 값진 열매 _ 진주광(한동대 캠퍼스 리더)

열방의 어미로 태어나라!

_ 황윤정(이화여대 인터콥 캠퍼스 리더)

충성! 느헤미야로 명 받았음을 신고합니다! _ 박승옥(군인)

낮은 곳에서 섬기는 기쁨 _ 김영주 목사(전주)

주의 영이 임하면 늙은이는 꿈을 꾸리라!

_ 윤재자 권사(익산)

어린이 현장 보조 느헤미야

어린이 용사들 나간다!
아돌 프로젝트!

차혜리 간사 _ 어린이사역부

마지막 영적전쟁의 전초기지가 될 열방기도의집을 위해 어린이 군대와 함께 기도하던 중 우리 어린이들도 함께 열방기도의집의 필요를 채우며 나아가야 겠다는 마음을 부어주셨습니다. 하지만 어린이들이 무슨 돈이 있겠냐며 작은 것부터 시작하자고 어린이 사역팀에서 이야기를 나누었습니다.

가장 작은 단위로 헌금할 수 있는 저금통 무브먼트는 시작부터 어린이들이 가장 많이 참여하는 운동이 되었고, 3백 원짜리 적벽돌 한 장씩 헌금하자는 '아기 돼지와 빨간 벽돌' 프로젝트를 시작했습니다. 그리고 짧게 '아돌'이라 불렀습니다.

하나님의 꿈을 가진

아기 돼지 삼형제가 있었어요.

어느 날 엄마가 세아들을 불러놓고 이야기했어요.
"이 마지막때 하나님의 꿈을 이루기 위한
기도의 집이 필요해, 너희가 지어주길 바래"

첫째 돼지는 먹는 걸 너무 좋아하는 먹보였어요.

먹보는 지푸라기로 대충 집을 지었어요.

둘째 돼지는 노는 걸 너무 좋아하는 놀보였어요.

놀보는 썩은 나무로 대충 집을 지었어요.

셋째 돼지는 성실한 꿈보였어요.

빨간벽돌을 한장한장 쌓으며 튼튼한집을 지었어요.

어느 날 하나님의 꿈이 이뤄지길 싫어하는 늑대가 나타났어요.

지푸라기로 만든 먹보의 집은
늑대가 한번 바람을 불자 한번에 날아가 버렸어요.

썩은 나무로 지은 놀보의 집도
두 번 입김으로 바람을 불자 날아가 버렸어요.

먹보와 놀보는 꿈보의 집으로 달려갔어요.
"늑대가 우리 집을 다 무너뜨렸어!"

그러나, 튼튼한 빨간벽돌로 지은 꿈보의 집은
늑대가 아무리 불어도 날아가지 않았어요.

그래요,
하나님의 꿈을 이루기 위한 기도의 집은
튼튼한 빨간 벽돌로 지어야해요~!!
우리모두 함께해요~!!!!

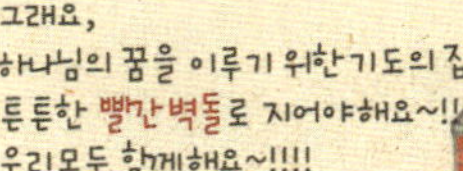

'아돌 프로젝트'는 모든 지부에서 어린이들이 모이는 'BTJ기도 놀이터' 예배를 통해 아이들에게 알려졌고, 한 명 두 명 빨간 벽돌을 위해 헌금하는 아이들과 선생님들의 손길이 모아지기 시작했습니다.

우리 어린이를 얕보지 마세요!

그러나 어린이들이 적벽돌을 위해 기도하며 헌금한다는 소식을 들으신 한 선교사님께서 이렇게 말씀하셨습니다.

"모든 세대 가운데 어린이 세대의 믿음이 가장 큰데 아이들에게 3백 원짜리 기도를 시킨 거냐! 간사들이 어린이들의 믿음을 3백 원짜리로 떨어뜨린 거다! 아이들은 1억을 구하라고 해도 100%의 믿음으로 기도한다! 어린이 세대는 매일매일 가장 필요한 레미콘과 철근을 위해 기도하며 헌금하는 것이 마땅하다!"

선교사님의 말씀에 아이들의 믿음을 떨어뜨린 우리의 믿음 없

음을 깊이 회개하며 레미콘과 철근을 구하는 기도문을 아이들에게 나눠주고 매일매일 기도하게 했습니다. 그랬더니 정말 이 순수한 세대의 믿음의 간구를 따라 매일 기적적으로 자재들이 채워지는 소식을 들을 수 있었습니다.

매일매일의 긴급한 필요를 위해 즉각적으로 알리고 어린이들로 기도하게 하기 위해서 'I-300' 운동을 하게 되었습니다. 'I-300' 운동은 기드온의 삼백 용사처럼 어린이 군대 중에서도 중보기도에 헌신되어 전쟁에 능한 용사들을 모집하여 형성된 '어린이 기도 네트워크'입니다. 이 어린이 기도 용사들이 열방기도의집과 열방의 긴급한 기도제목을 위해서 기도하기 시작했습니다.

열방을 어린이에게 부탁하셨어요!

열방기도의집을 위한 어린이들의 믿음의 싸움은 여기서 멈추지 않았습니다. 선교캠프를 세 달여 앞두고 어린이 선교캠프를 할 중강당이 건물 축소라는 설계 변경에 의해 하루 아침에 사라지게 되었습니다. 그래서 대형 천막(이하 '장막')을 구입해야 할 상황으로 주님께서 우리를 몰아가셨습니다. 열방기도의집에서 모든 세대 선교캠프를 위해 꼭 필요했던 숙소이자 중강당을 주님께서 원하셨고, 강력한 예배가 드려질 '장막'을 어린이들을 통해 세우길 원하셨습니다.

이 장막을 세우기 위해 필요한 1억을 어린이 세대가 주님께 구하며 기도했을 때, 3일 만에 이 세대를 사랑하는 아비 세대 선생님 한 분을 통하여 채워주셨습니다. 1억이 채워진 기쁨을 누리는 것도 잠시, 장막을 세우기 위해서 기초 콘크리트 타설과 난방, 전기를 위한 공사가 진행되어야 하고, 그 비용은 1억 2천만 원이 넘는 견적이 나왔습니다.

아이들과 함께 믿음의 싸움을 싸우며 매일 기도했을 때, 이 세대를 사랑하는 많은 부모 세대가 재정으로 헌신해 주셨습니다. 오천 명을 먹이기 위한 음식을 예수님께서 찾으셨을 때 기꺼이 자신의 것을 내어드렸던 한 소년과 같이 우리 아이들도 자신이 가진 '오병이어'를 주님께 드리는 '오병이어 프로젝트'를 진행했고 많은

아이들이 기쁨으로 동참하는 것을 볼 수 있었습니다.

우리가 보기엔 가장 연약하고 가진 것이 없는 어린이 세대를 통해 열방기도의집 가운데 놀라운 일을 행하셨습니다. 이 세대의 믿음이 열방기도의집을 위해 강력한 기도로 세웠던 것처럼 열방의 모든 민족을 살리고 구원하는 하나님의 꿈을 이루는 것을 위해 전진하고 있습니다.

어린이 세대를 마지막 시대 영적전쟁의 강력한 군사들로 세우신 주님께서 열방기도의집이 완공될 때까지 어린이들의 믿음을 통해 역사하실 줄 믿습니다.

할렐루야!!

기도로 짓는 집

고우석 어린이(예천)

저는 경상북도 예천에 있는 초등학교에 다니는 4학년 고우석입니다. 저는 쿠르드, 북인도, 터키, 이스라엘과 팔레스타인을 품고 기도하고 있습니다. 어린이 비전스쿨에서 예배팀으로 섬길 때 열방기도의집이 지어진다는 것을 알게 되었습니다.

열방기도의집은 선교사님을 훈련시키고 파송하며, 열방을 위해 기도하고 예배하는 그런 곳이라고 들었습니다. 그리고 우리의 기도와 후원으로 지어진다고 하였습니다.

3년 전에 부모님께서 우리 집을 지었는데 부모님은 기도로 집을 지으신 것이 아니고, 돈으로 건축 재료를 사고 인부들에게 돈을 주어 집을 지었습니다. 그래서 저는 기도로 집을 짓는다는 말이 좀 신기했습니다. 기도를 하기만 하면 바닥에 시멘트가 깔리고 벽이 막 세워지고 지붕이 덮이고 도배까지 다 되면 '얼마나 신기할까?' 하고 생각했습니다. 그래서 기도하기로 마음 먹었습니다. 하나님이 어떻게 일하시는지 보고 싶었습니다.

아돌 프로젝트

몇 주 뒤 어린이 비전스쿨에서 선생님이 '아돌'이라는 프로젝트를 설명해 주셨습니다. 기도의 집을 지을 때 필요한 빨간 벽돌이 한 장에 3백 원인데, 인부가 쌓는 값까지 하면 천 원이 든다고 하였습니다. 이 비용을 우리 어린이가 후원하는 프로젝트를 '아돌 프로젝트'라고 하셨습니다. 이름이 참 재미있었고, '아기 돼지 삼형제 적벽돌 모으기'라는 만화도 재미있었습니다.

그래서 집에 돌아와서 비전스쿨에서 나눠준 종이로 된 저금통에 집안에 굴러다니던 동전들을 보이는 대로 다 넣는 등 동전을 모아서 간사님께 전해 달라고 드렸습니다.

하루는 열방기도의집에서 하는 가족예배에 부모님을 따라 갔습니다. 그때 또 '아돌'에 대한 광고를 보았고 저희 부모님도 '아돌'이 무엇인지 보게 되었습니다.

어머니께서는 저에게 '아돌'을 해보라고 하셨습니다. 그리고 어린이팀 간사님이 "아이들이 3백 원 짜리 적벽돌을 감당하는 것은 아이들의 믿음을 3백 원으로 취급하는 것밖에 안 됩니다. 그러니까 열방기도의집을 짓는 데 가장 중요한 레미콘과 철근을 어린이가 기도로 감당해야 합니다" 라고 말씀하셨습니다. 그래서 소리쳐 기도했습니다.

"하나님! 열방기도의집에 필요한 레미콘 140대와 철근 80톤을 주세요! 아멘!"

그리고 또 하루는 상주 월드미션에 가서 예배를 드리고 나오다가 계좌번호가 적힌 '아돌' 광고지가 보여 집으로 가져와 이제까지 모아 두었던 용돈 16만 원을 보내달라고 아버지께 말씀드렸습니다. 저의 한 달 용돈은 8천 원인데 마침 그땐 중간고사를 매우 잘 봐서 어머니께 용돈을 많이 받았었습니다. 그래서 그 돈 전부를 예수님께 드렸습니다.

열방기도의집 짓기=기도+하나님의 사람들

비전스쿨, 어린이 3차 액션캠프에 갔는데 선생님께서 모든 선교캠프를 열방기도의집에서 하고 어린이 선교캠프는 장막에서 한다고 말씀하셨습니다.

그런데 그 장막 값만 1억이고 설치하는 비용도 1억이 있어야 한다고 했습니다. 그리고 그것을 위해 후원하는 것을 '어린이 집회장'을 줄여서 '어집'이라 부른다고 했습니다. 캠프에 온 모든 어린이들이 함께 장막이 생기게 해달라고 크게 기도했습니다. 저도 그때 어린이도 선교캠프를 해야 부흥이 일어나는데 어린이만 캠프를 못하면 안 된다고 큰 소리로 기도했습니다.

암에 걸리셨던 어떤 분이 보험금을 타서 장막 값으로 후원하셨다는 말을 들었습니다. 그런데 장막은 있는데 설치비용이 없고 또 돈이 많이 필요하다고 했습니다. 저는 더 돕고 싶다는 생각이 들었습니다. 그래서 또 통장에 모아두었던 세뱃돈을 '어집'에 보내 달라고 부모님께 말씀드렸습니다.

선교캠프가 10일 남았을 때는 우리 집 온 식구가 인터넷으로 예배를 같이 드리고 기도했습니다. 임시 사용허가를 위해 기도하고, 느헤미야를 위해 기도했는데 나중에 보니까 사용허가서가 나와서 정말 기뻤습니다.

'기도로 집을 짓는 것은 이렇게 하는 거구나' 하고 알았습니다. 기도만 하면 마술처럼 다 지어지는 게 아니고 하나님께서 우리 모두의 기도와 헌신을 통해서 집을 짓는 걸 알았습니다.

드디어 어린이 선교캠프가 큰 텐트처럼 멋진 어린이 집회장에서 열렸습니다. 제 생각엔 제가 보낸 돈이 단상을 만드는 데 쓰인 것 같았습니다. 물론 한쪽 귀퉁이겠지만요.

몹시 뿌듯하고 기뻤습니다. 단상 위에서 예배팀이 예배할 때나 선교사님들이 강의할 땐 제가 꼭 하나님의 일을 한 것 같아서 좋았습니다.

주님께서 제가 쓰지 않고 모아놓은 용돈과 세뱃돈을 꼭 필요한 곳에 쓰게 해주시고, 열방기도의집을 위해 기도하게 해 주서서 감사합니다.

열방기도의집에서 쿠르드와 북인도와 터키와 이스라엘과 팔레스타인을 위해 기도할 날이 빨리 왔으면 좋겠습니다.

하나님 사랑합니다.

❤ 2012년 어린이 장막에서 열린 어린이선교캠프

적벽돌 사수하기 프로젝트, 적벽대전!

이금주 간사_ 청소년사역부

열방기도의집을 짓는 데 많은 자재와 현장에서 섬길 느헤미야가 필요하다는 메일과 문자가 한창이던 지난 해 가을, 간사님들이 십시일반 적벽돌을 위해 헌금하는 것을 보면서, 우리 청소년들도 열방기도의집을 짓는 데 동참하는 것이 좋겠다는 공감대가 생겨났습니다. 이 집을 지으며 함께 믿음도 성장하고 하나님 나라를 그리게 될 우리 청소년들을 꿈꾸게 되었습니다.

그러나 준비하면서 믿음이 쉽게 생기지 않았습니다. 용돈 받아 생활하는 우리 청소년들이 과연 '열방기도의집을 위한 헌금이 가능할까?' 하는 의문이 들었기 때문입니다. 청소년 사역을 섬기는 전국의 수많은 청소년 스태프들은 비전캠프와 선교캠프 등 각종 캠프에 참가비를 내면서 섬기고 있고, 기타 여러 모임에 회비를 내야 하는 등 재정적 여유가 없습니다.

그러나 열방기도의집은 재정으로 짓는 것이 아니라 믿음으로, 향유 옥합을 깨뜨리는 헌신으로 지어지고 있다는 것을 알기에, 믿음을 일으키기로 결단하였습니다. 이런 청소년 적벽돌 모으기 운동을 '적벽대전'이라 합니다. 영적 전쟁이 치열했던 느헤미야의 성벽 재건사업처럼, 이 열방기도의집 건축을 방해하는 사단과 예수님의 보혈을 닮은 적벽돌로 외벽을 쌓아 지키려는 전투가 바로 '적벽대전'입니다. 청소년이 하는 열방기도의집 사수하기 프로젝트인 것이죠.

적벽대전의 승리를 위하여

열방기도의집 전체에 필요한 적벽돌은 모두 100만장이 넘는 것

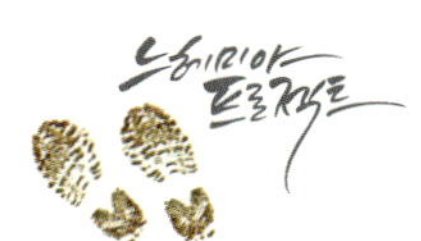

으로 알고 있는데, 그 중 10만장을 청소년들이 감당하기로 선포하고 적벽대전을 시작하였습니다. 이 운동을 알리는 안내 리플릿과 이메일 동원, 홍보 영상과 노래, 웹 커뮤니티 등 여러 통로를 통해 비전을 나눌 때 정말 아이들이 움직이기 시작했습니다.

많은 청소년들이 학교에서 열방을 위해 기도하고 예배하는 모임을 하고 있는데, 이 모임의 같은 멤버들끼리, 또는 선교훈련을 받은 같은 지부의 아이들끼리, 그리고 청소년 선교 심화훈련인 미션스쿨에서 각 훈련 그룹별로 아이들이 용돈을 모아 헌금을 하였습니다. 선생님들과 부모님들도 먼저 발을 내딛겠다며 헌금하시기도 하고, 뒤늦게 이 소식을 듣고 참여하고 싶다며 헌금하는 분도 계셨습니다.

경기도 이천의 한 학생의 어머니는 자녀의 돌반지

적벽돌 모양의 색종이에 자신이 품은 민족의 이름을 써서 기도의 집 건물 모양에 오려 붙이며 홍보하는 청소년 도우미

7개를 모두 헌금하였고, 캐나다 토론토의 집사님께서는 적벽대전 이야기를 들으시고 청소년의 헌신에 함께 참여하고 싶다며 천 달러를 헌금하기도 했습니다. 아이들의 헌신은 부모 세대를 움직이게 합니다. 하나님께서 아이들의 헌신을 정말 기쁘게 받으십니다!

각 지역과 학교, 개인들이 헌금하여 채워져가고 있습니다. 매주 변해가는 열방기도의집을 보며 아이들은 더 사모하는 마음으로 적벽돌을 모았고, 헌금의 형태가 아닌 헌신의 모습으로 섬기기도

❤ 청소년 현장 보조 느헤미야

했습니다. 수능시험이 끝난 고3 학생들과 휴일을 맞은 아이들이 직접 느헤미야로 현장 봉사를 하면서 열방기도의집을 품기도 했습니다. 이렇게 열방기도의집 중심에 바로 청소년들이 있습니다.

승전가를 부를 다음 세대

이 프로젝트를 준비하며 주신 마음은 열방기도의집은 하나님의 새로운 전략이라는 것입니다. 하나님의 꿈이 이 속에 담겨져 있습니다. 끊이지 않는 예배와 다윗과 같은 군사 훈련이라는 두 날개를 가진 이 열방기도의집은, 윗 세대의 헌신과 다음 세대의 누림으로 꽃을 피우는 곳인 것 같습니다.

열방의 남은 미전도 종족을 복음으로 새롭게 하고, 세상과 구별되어 시대를 감당할 다음 세대는, 다윗과 같이 주님만을 사랑하고, 여호수아와 같은 믿음을 가진 자들일 것입니다. 하나님께서 특별히 다음 세대, 특별히 청소년 세대에게 이전 세대와는 다른 예배의 은혜와 기도의 능력을 허락하셨습니다.

청소년들의 강력한 입술의 선포, 자신의 모든 것 즉 생명을 주어도 아깝지 않은 예수 그리스도를 향한 사랑이 이들 가운데 있습니다. 부르심에 기꺼이 순종하여 헌신하는 이 다음 세대를 통해 열방을 회복하기 원하시는 주의 비전이 완성될 것입니다.

열방기도의집은 순결한 하나님의 사람들, 특별히 하나님만 사랑하고 따르는 이 세대의 예배로 불을 밝힐 것입니다. 이들이 열방에서 뛰놀며 영혼들을 추수할 것입니다. 거룩한 세대를 통해 온 민족을 구원하시려는 하나님의 꿈은 반드시 이뤄질 것입니다. 그러므로 청소년들은 진정 이 집의 주인입니다. 왕이신 예수님과 함께 이 집을 누빌 것입니다.

이 열방기도의집에서 수많은 하나님 나라의 군사들이 주님 앞에 나아올 것을 기대합니다. 어른 세대의 아낌없는 헌신과 다음 세대의 놀라운 사랑이 주의 나라를 임하게 할 것입니다. 자신의 일부가 아니라, '자신'을 드리는 청소년 세대, 이들에게 하나님의 마음이 있습니다. 예수님을 사랑하는 이들의 헌신은 주님 다시 오시는 그 날까지 계속될 것입니다!!!

벽돌과 함께 쌓아가는 하나님의 비전

평택 한광여고 김은빛

저는 중학교 2학년 때 인터콥 선교훈련인 청소년 비전스쿨을 통해 열방을 향한 하나님의 마음을 알게 되었습니다. 그래서 하나님의 뜻을 이뤄가는 청소년으로 살아가고 싶어 인터콥 청소년팀에서 사역하고 있는 'U-BTJ'라는 기도운동을 학교에서 갖게 되었습니다. 'U-BTJ' 기도운동을 하면서 학교 친구들에게 하나님의 비전에 대해 나누게 되었고, 아직 복음이 증거되지 않은 열방을 위해 예배하고 기도하게 되었습니다.

하나님의 꿈을 이뤄가는 'U-BTJ' 운동가로 사역하면서 중3 여름방학 때, 'U-BTJ' 캠프가 열방기도의집 가건물에서 드려지게 되어 기대되는 마음으로 캠프에 참석하게 되었습니다. 캠프에 참석하면서 하나님께서는 자신의 오랜 소원이었던 모든 민족에게 복음이 증거되는 자신의 비전을 한국교회의 모든 성도들이 이뤄가길 원하신다는 것, 복음을 들고 일어나는 성도가 더 이상 증가하지 않는 것, 깨어있지 못하고 자신의 욕망을 채우기에만 급급해 하는 성도들의 모습을 바라보며 슬퍼하고 계신다는 것을 알게 되었습니다. 그래서 한국교회의 새로운 부흥과 열방 땅의 신속한 복음 전파를 위해 기도하며, 선교사를 훈련할 열방기도의집을 하나님께서 계획하셨다는 것도 알게 되었습니다.

'U-BTJ' 리더로 섬기고 있는 친구와 같은 지부 청소년 친구들에게 알리고, 함께 '빨간 벽돌 쌓기'를 위해 저금을 시작하게 되었습니다. 그러자 어떤 친구는 간식과 벽돌 사이에서 갈등하다 간식을 포기하고 저금한 친구도 있었고, 어떤 친구는 몇 달 동안 모아 두었던 용돈을 꺼내 저금하기도 하였습니다.

점점 완공되어 가는 열방기도의집 건물을 볼 때마다 이 곳에서 예배드리는 청소년 친구들의 모습이 상상됩니다. 어느 세대에서도 볼 수 없는 예배에 대한 열정과 순수하고 순결한 하나님을 향한 사랑으로 우리 청소년 세대가 한국교회를 위해 예배할 때 한국교회의 예배가 회복되어지리라 믿습니다. 또한 우리가 열방을 위해 예배하며 기도할 때 열방이 살아나게 되기를 소망합니다. 아멘.

벽돌 한 장에 우리의 마음을 실었습니다

포항이동고 강주은

'U-BTJ'에서 '적벽대전'이라는 열방기도의집에 붙일 적벽돌을 모으는 청소년 세대의 운동이 있다는 소식을 들었습니다. 열방기도의집을 짓는 데 나 또한 동참할 수 있다는 사실에 기뻐서 이 일을 학교 친구들과 함께 해야 겠다고 생각하고 저희 학교 'U-BTJ' 모임에서 함께 하자고 말했습니다. 사실 모인 친구들도 두 명밖에 없었고, 친구들이 돈 내라는 말로 오해하면 어쩌나 하는 걱정이 되었습니다. 하지만 하나님은 나의 우려와는 상관없이 한명 한명에게 열방기도의집을 향한 마음을 부어주셨습니다.

한 친구가 한 달 간식비와 책 살 돈을 아껴 후원해줄 때 눈물이 핑 돌았습니다. "도대체 이 친구에게는 열방기도의집이 무엇이길래 이렇게 자신의 돈을 아낌없이 내나요?"라고 하나님께 여쭈어 보았습니다. 헌신은 계산이 아니라 이렇게 이 친구처럼 아까워하지 않고 자신에게 소중하고 필요하더라도 전부를 내어드리는 것이라는 것을 깨닫게 되었습니다.

'U-BTJ'를 통해 예수님을 영접하게 된 믿은 지 갓 1년도 안 된 친구가 있습니다. 마침 그 친구가 제 뒷자리에 앉게 되어 'U-BTJ' 할 때 사용하는 인쇄물을 보여주었습니다. 거기에는 터키에 대한 소개가 있었는데 친구가 이번 영어 수행평가 때 터키를 조사했다면서 관심있게 보았습니다. 그리고 제가 그 밑에 있는 적벽대전 광고 글을 가리키며 열방기도의집을 향한 하나님의 마음을 전했습니다. 그랬더니 그 친구가 "이 돈으로 터키를 살릴 수 있다면 가치가 있는 일인 것 같아"하면서 선뜻 참여해주었습니다. 그리고 그 친구는 그날 터키를 품게 되었습니다.

비록 저희는 열방기도의집을 짓는 비용에 비하면 정말 티끌 같은 작은 것을 드렸습니다. 그러나 하나님께서는 돈 많은 부자 한 사람이 한 번에 내는 큰 돈이 아니라 꼭 우리 손으로, 우리의 작은 손으로 내는 그 작은 것을 너무나도 원하셨습니다. 왜냐하면 마치 두 렙돈을 낸 가난한 과부처럼 우리의 전부를 드리는 진실한 마음을 원하셨기 때문입니다. 예수님의 장례를 준비했던 마리아의 향유처럼 우리 모든 세대가 자신의 것을 기꺼이 드릴 때 주님께 또한 열방에 아름다운 향기가 될 줄 믿습니다. 그렇게 아름다운 향기가 뿜어져 나오는 열방기도의집을 통해 예수님 다시 오실 길을 예비할 것입니다. 마라나타!

<청소년 간증3>

열방을 품은 충북여고

청주 충북여고 신지은

제가 다니는 충북여고에는 학교와 열방을 위해 기도하는 기도모임 'U-BTJ'가 세워져 있습니다. 저는 일단 동전 모금함을 가지고 처음엔 'U-BTJ' 운동가 친구들에게만 열방기도의집에 대한 마음을 나누었습니다. 그러나 친구들이 그 비전과 마음을 잘 받아들이지 않았습니다. 그래서 나부터 앞장서자는 마음으로 모금함에 동전을 모으기 시작했습니다.

저와 'U-BTJ' 친구들이 매일 아침마다 모금함에 동전을 넣는 것을 본, 저희 반 친구들은 우리가 동전을 모으는 이유에 대해 궁금해하기 시작했습니다. 저는 'U-BTJ' 운동가 친구들이 아니면 열방기도의집에 대한 마음이 나누어지지 않을 거라 생각했고, 모금에 동참해줄 거라는 기대를 하지 못했습니다. 그러나 그것은 저의 생각이었습니다. 주님은 친구들의 마음을 열어주셨고 운동가가 아닌 친구들도 적벽대전에 참여하기 시작했습니다. 주님은 우리 모두 열방기도의집을 함께 지어가길 원하셨습니다.

그래서 쉬는 시간이나 점심시간마다 모금함을 꺼내 놓고 매점에 다녀온 친구들에게 모금 운동에 참여해 줄 것을 권했습니다. 그때마다 거의 모든 친구들이 참여해 주었습니다. 또 저희 학교 물리 선생님께서도 함께 동참해 주셨습니다.

또한 저희 학교에서 적벽대전 목표액을 채운 것으로만 끝나지 않았습니다. 충북여고 벽돌 보러 가야 한다는 친구가 있을 정도로 친구들의 마음속엔 열방기도의집에 대한 주인의식과 사랑이 생겼습니다. 주님께선 우리 모두가 함께하길 원하십니다. 우리 충북여고 친구들의 100원, 200원 너무나도 적은 것이지만 주님께선 기쁘게 받아주셨습니다.

내가 드릴 수 있는 물질이 너무 적어서, 내가 할 수 있는 일이 너무 작아서 헌신하지 못하는 자가 아닌, 기쁨으로 주님께 우리가 지금 가지고 있는 것을 내어드릴 수 있는 자들이 되셨으면 좋겠습니다.

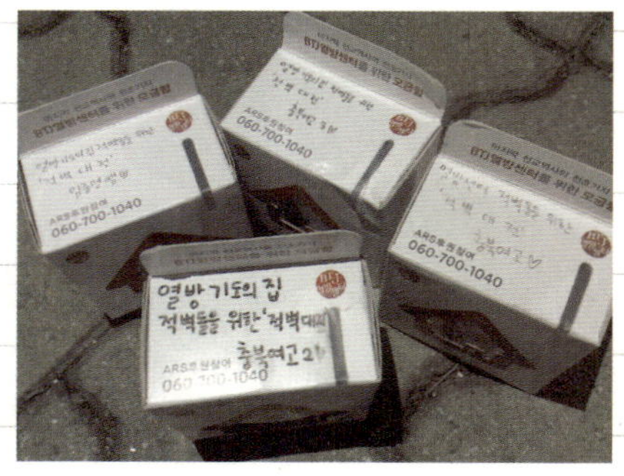

▼ 충북여고 적벽대전 모금 저금통

건축학도의 값진 열매

진주광_ 한동대 인터콥 캠퍼스 리더

저는 오는 2월(2012년) 대학졸업을 앞두고 있는 한동대 인터콥 캠퍼스 리더 진주광입니다. 저는 대학에서 건축을 공부하고 있습니다. 그래서인지 열방기도의집을 짓는 일에 남다른 관심이 있었고, 특별히 느헤미야 프로젝트에 많은 관심과 함께 기회가 되면 꼭 한번 섬겨야겠다는 마음을 갖고 있었습니다. 그래서 2011년 8월, 여름방학 기간을 이용해 상주에 내려가 토목 분야 현장 보조로 한달 동안 섬기는 시간을 갖게 되었습니다.

저는 대학에 들어와 1학년이 거의 끝나가고 있을 때 인터콥을 통해 선교비전을 품게 되었고, 곧바로 터키로 단기선교를 다녀오기도 했습니다. 그 때부터 학기 중에는 캠퍼스 사역을 하고 방학에는 열방에 단기선교를 다녀오는 등 한동대학교와 열방을 섬기며 대학 시절을 보냈습니다. 특별히 캠퍼스 사역을 하는 동안 지금도 주님을 모르고 죽어가고 있는 열방에 많은 사역자가 필요하다는 현실 앞에서, 제가 하고 있는 '건축'이라는 학문과 대학시절을 어떻게 보내는 것이 더 하나님 나라를 위해 유익한지에 대해 많은 시간을 고민하며 보냈습니다.

처음 단기선교를 다녀와서는 열방에 필요가 너무 크게 보였기에 학교를 내려놓고 바로 선교사로 달려 가고 싶은 마음이었습니다. 공부를 하고 있는 것 자체가 시간 낭비처럼 여겨졌습니다. 하지만 주변의 만류와 기도를 해도 학교를 그만 다니라는 응답을 받지 못해 계속 학교를 다녔습니다.

그러나 공부보다 영혼을 돌보는 캠퍼스 사역에 제 마음과 시간이 집중되어가는 저를 발견하게 되었습니다. 제가 하고 있는 건축이라는 학문에 대해 열정도 일어나지 않았고, 하나님께서 내게 주신 소명도 발견하지 못하고 있는 저에게 하나님 나라가 더 중요하게 자리잡아 가고 있었습니다.

계속되는 고민 중에 느헤미야 프로젝트 소식을 듣게 되었고, 건

축을 통해 선교를 할 수 있을 것 같다는 막연한 기대감으로 현장 보조를 신청하게 됐습니다. 그래서 2011년 여름방학에 맞춰 한 달 동안 열방기도의집을 세우는 데 함께 동참했습니다.

내가 발견한 참 소망

저는 방학마다 터키로 단기선교를 다녀오는 바람에 건축 실습 경험도 전혀 없었고, 건축 수업도 간신히 재이수를 면한 터라, 건축에 대한 박식한 지식도 없었습니다. 단지 건축과 학생이라는 타이틀만 가지고 상주 현장에 뛰어들어서 측량하는 법을 토목 담당 간사님께 간신히 배워 측량 보조로 현장을 섬겼습니다.

느헤미야로 섬기는 기간, 제가 기대했던 건축을 통한 새로운 선교의 길이나, 일반 건축과는 다른 특별한 건축가의 길은 발견하지도 못한 채 낮에는 노동하고 저녁에는 예배하는 반복되는 하루하루로 한 달을 보냈습니다. 제가 현장 보조를 섬기느라 전체적인 공사 과정이나 진행 상황들을 알 수 없어서 그랬을 수도 있지만, 그렇게 내가 기대했던 '건축을 통한 선교'에의 길은 찾지 못한 채 한 달간의 나의 느헤미야 생활은 끝나고 말았습니다.

그러나 하나님 나라를 섬긴다는 것은 내 삶을 주님께 드리는 온전한 헌신이라는 것을 알게 되었고, 주님께 내 삶을 드리는 데 더욱 힘쓰기를 소망하게 되었습니다.

저는 그 동안 내가 가진 것으로 내가 무엇인가를 해보려고 했었다는 것을 깨달았습니다. 선교를 하든 무엇을 하든 하나님 나라의 일을 한다는 것은 자신의 모든 것을 먼저 내려놓지 않으면 할 수 없다는 것을 알지 못했습니다.

한 달간의 느헤미야 생활을 통해서 나를 어렵게 했던 모든 것이 깔끔하게 정리되었습니다. 더이상 고민하지 않게 된 것입니다. 4년간 공부했던 건축보다, 열방기도의집을 통해서 열방에 회복될 하나님의 나라가 훨씬 귀하고 값진 것이기에 지난 여름에 열방기도의집에서 보낸 한 달간의 토목 보조 느헤미야가 제 건축 공부 열매의 전부라 해도 진심으로 하나님께 감사할 수 있을 것 같습니다.

현장에서 여러 사람들의 헌신을 보았습니다. 건축 소장님, 토목 회사에서 일하다 헌신하신 간사님 등 헌신의 모습은 달랐지만, 헌신의 결과는 같았습니다. 자신의 삶을 완전히 주님께 드린 것과, 하나님의 역사가 진행된다는 것이 그 분들의 헌신의 결과였습니다. 아무리 건축적으로 뛰어난 지식을 갖고 있다 하더라도 자신의 삶을 주님께 드리지 않으면 하나님께서는 그 사람을 사용하지 않는다는 분명한 하나님의 메시지를 보게 된 것입니다.

열방기도의집을 섬기면서 하나님께서 느헤미야에게 주신 성벽 재건에 대한 마음을 느헤미야가 단순히 골방의 기도로 끝내지 않고 행동을 취한 것이 하나님의 역사를 이루는 데 결정적인 역할을 했던 것처럼, 지금 열방기도의집도 믿음으로 우리의 삶을 드리는 헌신과, 그렇게 될 것을 믿고 나아가고 있는 믿음의 사람들을 통해서 지어지고 있는 것을 보게 되었습니다.

저와 같이 건축에 대해서 전혀 경험이 없는 대학생의 헌신을 통해서, 막노동판에서 한번도 일해보지 않았지만 하나님의 역사에 동참하고 싶은 마음으로 방학 동안 내려와 일하는 청년들을 통해서, 휴가를 나온 군인이 자신의 쉼을 포기하고 함께하는 헌신에

서, 직장을 내려 놓고 먼저 그의 나라와 의를 구하며 현장에 달려
온 이 시대의 느헤미야들을 통해서, 식당에서 맛있는 음식으로 섬
겨주시는 우리 어머님들을 통해서, 현장에 부어주시는 은혜와 하
나님의 마음을 늘 구하는 예배자들을 통해서, 하나님이 마지막 선
교 전초기지인 열방기도의집을 직접 지어가고 계십니다.

또 하나님이 이루시는 역사에 함께한 모든 분들의 헌신이 정말
중요하다는 것을 보게 됐습니다. 그리고 정말 감사한 것은 느헤미
야가 혼자 하나님의 일을 감당할 수 없어서 여러 사람과 함께 하
나님의 역사를 이루어 간 것처럼, 우리도 함께 하는 믿음의 업체
들, 그리고 열심히 기도와 물질로 후원해 주시는 한국과 미국의
동역자들이 함께 하고 있다는 것입니다.

이 기쁨을 더 많은 사람들과 나누고 싶고, 더 많은 믿음의 사람
들이 열방의 영혼들을 위해 예배 드리는 하나님의 일에 동참했으
면 좋겠다는 생각이 들었습니다.

행위가 없는 믿음은 죽은 믿음인 것처럼, 우리가 우리의 믿음대
로 헌신하고 행동하고, 전진하고, 우리의 삶을 드리는 것을 통해

서만 하나님이 역사하신다는 것을 다시 한번 보게 되었습니다.

이 믿음이 내 삶에 이루어지길 소망하고, 한국의 모든 교회와 열방의 모든 영혼들을 회복시키리라는 하나님의 말씀을 믿는 믿음의 사람들이 더 많이 일어나 함께 하나님의 나라를 완성해 가기를 소망합니다. 아멘.

열방의 어미로
피어나라!

황윤정_ 이화여대 인터콥 캠퍼스 리더

저는 이화여자대학교 인터콥 캠퍼스 리더 황윤정입니다. 1월에 학생 선교사로 나가기 위하여 준비하며, 주님이 부어주시는 기쁨으로 날마다 캠퍼스에서 사역하고 있습니다. 특별히 2011년 11, 12월은 20년 동안 계속 되어온 마이너스 성장의 한국교회와 열방의 회복을 위해 함께 기도하는 시간을 가졌습니다.

우리 캠퍼스에서도 다른 때와는 다른 새로운 각오로 기도하는 분위기였습니다. 그리고 학기가 끝나갈 무렵 한국교회와 2012년 선교캠프를 위한 특별기도주간으로 기도하였습니다. 선교캠프를 위한 열방기도의집은 하나님의 집이며, 또한 그분의 자녀된 우리 모두의 집입니다. 우리 집을 짓는 데 당연히 우리가 함께 지어야 하는데 어떻게 참여해야 할지 막연하기만 했고, 학생인지라 학기 중에 현장에 직접 찾아가서 느헤미야로 참여한다는 것도 사실상 어려운 일이었습니다.

캠퍼스를 섬기는 리더로서 늘 '우리는 무엇을 해야 하나?' '어떻게 해야 하나?'하는 책임감과 함께 고민만 하고 있던 저에게 드디어 참여할 수 있는 기회가 왔습니다. 우리 대학사역팀에서 열방기도의집 입구 도로 포장공사를 책임지기로 했다는 소식이었습니다. 일명 마지막 부흥의 문을 열 '다윗의 열쇠' 프로젝트가 바로 그것이었습니다. 드디어 우리 학생들도 할 일이 생긴 것입니다.

저는 이 프로젝트를 이화여대에서도 함께하기로 정하고 리더 모임에서 우리 캠퍼스에 어떻게 적용할지 나누었습니다. 우리는 선교 캠프와 열방기도의집을 위

✔ 기도의집 앞 도로 포장공사하는 부분의 형상이 열쇠 모양인 것에 착안한 '다윗의 열쇠' 프로젝트

한 '다윗의 열쇠' 프로젝트를 위해 BTJ10분 예배를 점심시간에 드리며, 열방을 위해 기도하고 저녁을 금식하며 저녁 식사비로 나가는 재정을 모으기로 했습니다.

이 마음을 이화여대 모든 멤버들과 공유하기 위해서 정기모임에서 나누었습니다. 그 날 정기모임 예배에서 기울어져가는 한국교회와, 선교캠프, 선교캠프가 열릴 열방기도의집을 위해 우리는 함께 목놓아 기도하며 '다윗의 열쇠' 프로젝트에 적극 동참하기로 결단했습니다.

다윗의 열쇠

우리는 예배를 통해 하나님께 왜 청년이 일어나야 하는지 묻는 시간을 가졌습니다. 하나님께서는 우리 청년이 일어나야 다른 세대를 일으킬 수 있다는 것과, 마지막 부흥의 문을 여는 세대로 우리를 세우셨다는 것이었습니다. 그것이 하나님께서 우리에게 주신 사명이었습니다. 그래서 우리에게 이 부흥의 문을 여는 '다윗의 열쇠' 프로젝트가 정말 중요하다는 것도 알게 되었습니다. 그리고 10분 예배를 더욱 기대하게 되었습니다.

우리는 예배를 통해서 하나님께서 분명히 하나하나 모든 비밀을 우리에게 알려주시리라는 것을 확신하게 되었습니다.

부흥의 문을 여는 세대

이 일은 비단 우리 이화여대에서만 일어나는 작은 변화에 그치지 않을 것입니다. 전국의 모든 캠퍼스에서, 하나님께서 우리에게 주신 열방기도의집을 통하여 모든 청년들이 왕의 군대로 일어날 것입니다. 20년 동안 계속 되어온 한국교회의 마이너스 성장을 책임지며 금식하며 기도로 일어날 것입니다.

우리 청년세대가 함께 일어나 열방기도의집을 통하여 우리에게 주어질 다윗의 열쇠로 마지막 부흥의 문을 열게 될 것입니다. 우

리가 마지막 부흥의 문을 열 다윗의 열쇠를 가진 청년입니다. 우
리 청년세대가 하나님의 부흥의 역사를 보는 세대가 될 것입니다.

BTJ열방센터
현장르포
박승옥 형제
군인/현장보조 느헤미야
남들은 휴가를 나와서 애인을 만나러 간다고하지만
저는 주님과 함께 벽돌 한장 나르고 싶은 마음으로
열방센터에 달려왔습니다.
이곳에서 일하다보니 많은 청년들의 헌신과 일손들이
필요한 것 같습니다. 저는 오늘 휴가를 복귀합니다.
저의 빈 자리를 채워 주십시오!
저는 이곳에 와서 휴가를 반납한 것을
절대 후회하지 않습니다!

충성! 느헤미야로 명 받았음을 신고합니다!

박승옥_ 군인

'열방기도의집'을 위한 모든 분들의 헌신과 기도에 비하면 저의 헌신은 너무 작아서 이렇게 글을 쓰는 것이 부끄럽습니다. 군대에 복무 중 휴가때 상주 열방기도의집 공사 현장에서 현장 보조로 섬기며 하나님의 역사에 조금이라도 참여케 하신 하나님께 감사를 드립니다.

열방기도의집에 대해서 알게 된 건 군 생활을 하고 있을 때였습니다. 저는 침례신학대학교 2학년 과정을 마치고 2010년 해군 군악대에 입대했습니다. 군에 입대할 때만 해도 군 복음화를 위해 '아버지의 도구'로 쓰임 받고자 다짐했습니다.

그러나 막상 군에 들어가서 알게 된 것은 제 자신이 너무나 연약하고 더러운 죄인이라는 것 뿐이었습니다. 그런 제 모습에 너무 실망한 저는 은혜가 절실히 필요했습니다.

그러던 중 휴가때 인터콥 캠퍼스 캠프와 리더 모임에 가게 되었는데 그 모임을 통해 무너져 있던 제 자신이 회복되는 은혜의 시간을 가졌습니다. 그리고 그 캠프 기간에 '열방기도의집'에 대해서 듣게 되었습니다. 또 '느헤미야 프로젝트'로 진행된다는 것과 '왕의 군대 전초기지!' 라는 비전 앞에 열방기도의집을 기대하게 되었습니다.

필승! 진격 열방기도의집으로!

군에 복귀해서는 열방기도의집이 점점 지어져가는 모습을 인터넷으로 보며, 이 하나님의 역사에 저도 조금이라도 동참하고 싶은 마음이 들었습니다. 그리고 군 생활하는 동안 지치고 메마른 나의 마음에 '은혜의 현장이니 나도 가서 은혜를 받아야 겠다' 는 마음

도 있었습니다. 그리고 돈도 없고 가진 것이라곤 건강한 몸 하나
뿐이기에 '가서 벽돌 한 장이라도 나르고 오자' 라는 마음으로 휴
가 때 처음 열방기도의집을 가게 되었습니다.

열방기도의집에 도착해보니 어느 타 공사장과 크게 다르지 않
은 모습이었습니다. 간사님과 간단히 이야기를 나눈 후 저는 사다
리를 놓고 올라가 천장 쪽에 있는 전기배선을 마무리하는 일을 하
게 되었습니다. 하루 종일 목을 들고 해야 하는 일이라 목이 아프
기도 했지만 군인 정신으로 버텼습니다. 하하.

저는 하루 종일 일만 하는 줄 알았는데 아침을 예배로 시작하며
기도로 열방을 올려드리고, 또 저녁에는 BTJ예배를 드리며 열방
을 올려드렸습니다. 그리고 제가 느헤미야로 있는 기간에 있었던
간사 컨퍼런스에 참석하면서 군 생활에 지치고 메말랐던 저의 마

매일 아침 10분씩 열방을 올려드리며 기도하는 BTJ10분 예배를 드리고 있는 느헤미야들

음에 하나님께서 새로운 은혜와 도전을 부어주셨습니다.

　느헤미야로 헌신하러 갔던 저는 도리어 넘치는 은혜를 받았습니다. 느헤미야로서의 헌신의 시간보다 제 자신이 더 회복되는 시간을 가졌습니다.

정말 이건 기적이다!

　그렇게 짧은 느헤미야로서의 시간이 끝나고 저는 다시 부대에 복귀하게 되었고, 2012년 1월 청년대학생선교캠프에 맞춰 말년 휴가를 나오게 되었습니다. 열방기도의집으로 들어오는 순간 저는 정말 너무 너무 놀랐습니다.

　'불과 4개월 만에 제가 상상할 수 없을 만큼 공사가 진행되다니!!!'

　처음 느헤미야로 갔을 때는 잘 몰랐었지만, 선교캠프 도중에 공사가 어떤 식으로 진행되었는지 조금씩 자세히 알게 되면서 '정

말 이건 기적이다! 하나님이 하셨다!' 라고 고백할 수밖에 없었습니다. 캠프기간 동안 예배하고 기도하면서 열방기도의집의 완공을 우리들보다 하나님께서 더 원하신다는 마음이 들었습니다. 할렐루야! 모든 민족을 주께 돌아오게 할 열방기도의집 완공이 너무 기다려지고 기대됩니다.

저는 주님의 은혜로 2012년 1월 몸 건강히 전역했습니다. 2월 말에 복학을 해야 하지만 시간이 날 때마다 하나님의 마음과 관심이 집중되어 있는 그곳! 열방기도의집으로 달려갈 겁니다.

그리고 모든 나라와 족속에 하나님 나라가 임하여 모든 열방의 영혼들이 회복될 그날까지 기도하며 전진하겠습니다.

가건물 식당 옆 울타리를 치는 느헤미야

낮은 곳에서 섬기는 기쁨

김영주 목사_전주

할렐루야! 열방기도의집을 통하여 새 일을 행하시는 여호와를 찬양합니다!

열방기도의집을 짓기 위해 땅을 보러 다니고, 땅을 구입하고, 그리고 기공예배를 드리고, 공사가 시작되고, 이러한 모든 일들이 진행되는 것을 보면서 하나님께서 직접 일하고 계신 것을 제 피부로 실감합니다.

인터콥 전주지부 이사장으로 열방기도의집 설명회를 추진하면서 열방기도의집을 위해 '나는 무엇으로 섬겨야 하나?' 하는 생각도 참 많이 했습니다. 직장생활을 하는 내가 얼마나 할 수 있을까? 건축과 관련해서도 문외한이요, 아무런 달란트도 없는데…. 고등학교에서 교사 생활을 하는 동시에 BTJ선교교회 담임 목사로 섬기고 있는 저로서는 직장 생활하랴, 목회하랴, 하고 싶은 대로 시간을 많이 낼 수 있는 형편도 아니었습니다. 그렇지만 여력이 된다면 여름과 겨울 방학에 현장 보조 느헤미야로 섬길 수 있을 것 같았습니다.

현장 보조 이야기

드디어 2011년 1월에 일주일의 시간을 내어 상주 열방기도의집으로 향했습니다. 아무것도 없이 느헤미야동 기초 공사만 덩그러니 놓여있고 주위는 온통 얼음이 꽁꽁 얼어 있었습니다. 현장 보조로 느헤미야동 뒤 식당 옆 울타리(Fence)를 치던 일이 생각납니다. 그래도 낮에는 햇볕도 있고, 열심히 일을 하면 땀도 나서 추운 줄 모르고 일을 했지만, 오후 4시만 넘으면 골짜기에서 부는 바람이 갑자기 차가워지기 시작하는데 얼마나 추웠는지 모릅니다.

그러나 열방기도의집을 짓기 시작하신 하나님께서 마지막 완성

하시는 날에는 또 얼마나 기뻐하실지, 이 열방기도의집을 통해서 모든 민족을 하나님께 올려드릴 예배와 찬양이 울려 퍼지는 것을 생각하며 이 따위 추위쯤은 참을 수 있었습니다.

세상의 권세와 정사를 손아귀에 쥐고 흔드는 사단과의 영적전 쟁을 수행하며 모든 세계교회의 주의 종들을 하나님의 군대로 훈련시켜 선교 현장에 파송할 일을 생각하며, 이러한 자리에 불러주신 하나님께 감사하며 열심히 봉사했던 기억이 생생합니다

2011년 여름에는 2주간의 시간을 내어 열방기도의집에 다시 현장 보조 느헤미야로 섬기며 그야 말로 '잡부'인생(?)을 경험하기도 했습니다. 오라 하면 오고, 가라 하면 가고, 이것을 하라 하면 이것을 하고, 저것을 하라 하면 저것을 하고, 오늘 작업을 힘을 다해 해 놓으면 내일은 그 작업이 필요 없어지고…. 그러나 기쁨으로 순종할 따름이었습니다.

'느헤미야동 지붕에 올라가서 청소하고 건축 자재들을 치웠는데…. 비전센터 지하에서 그렇게 먼지를 뒤집어 쓰면서 청소했는데….' 하며 나중에 열방기도의집이 완성되었을 때 나만 아는 열방기도의집의 역사를 생각하며 웃음 짓는 그날이 올 것을 생각하

면 참 뿌듯해집니다.

또한 현장 보조 느헤미야로 섬기며 만났던 하나님의 동역자들을 다시 만나면 또 얼마나 반갑던지요. ‘이들을 통해서 하나님께서 열방기도의집을 짓고 계시는구나’ 생각하며 그분들을 축복하며 하나님께 올려드리기도 했습니다.

무사히 2012년 겨울 선교캠프가 끝나고 많은 사람들이 그랬던 것처럼 저도 ‘다 끝났구나! 마무리만 하면 되겠네. 이제 내가 가지 않아도 되겠지’ 라고 여유 있게 생각하며 겨울 방학을 편하게(?) 지냈습니다. 2월 봄 방학이 되어 아내에게 그간의 내 속마음을 얘기했습니다.

“사실은 작년 겨울에 열방기도의집에 갔을 때 너무 추워서 이번에는 가지 않았는데 조금은 양심에 걸리는구려.”

“그래. 당신이 어째 상주 간다는 얘길 안하시더라…. 그럼 봄 방학 때라도 다녀오세요.”

사실 열방기도의집 공사 현장에 현장 보조 느헤미야가 필요하다는 소식을 계속 듣고 있었습니다. 그러나 작년에 추위로 고생했던 생각에 ‘가야 하는데…’ 하면서도 ‘내가 아니어도 마무리되겠

지'하는 마음과 함께 마음 한구석이 해야 할 일을 미뤄두고 있는 것처럼 편치가 않았습니다.

아내의 말처럼 다시 2월에 한 주간 열방기도의집에 현장 보조 느헤미야로 가게 되었습니다. 정화조가 들어설 장소에 있는 자재들을 다른 장소로 다 옮기고, 창고로 쓸 비전센터 건물 지하실 자재를 치우고, 여기저기 청소를 하는 등 기쁨으로 일하고 가벼운 마음으로 집에 돌아왔습니다. 열방기도의집이 마무리 될 때까지 이제는 현장 보조 느헤미야로 갈 일이 없을 것 같았습니다.

그런데 "샬롬. 열방기도의집입니다. 봄 방학, 삼일절, 주말! 전 세대가 함께 할 수 있는 절호의 찬스! 스쿨 시작 전, 새 학기 시작 전, 현장으로 오셔서 지붕 방수, 비전센터 바닥 청소, 자재 정리로 1차 비전캠프 전까지 계획대로 공사가 진행되어야 합니다. 현장 보조! 절실합니다. 기도하며 동역하는 기쁨을 누려요" 하는 문자가 왔습니다.

'얼마나 급하고 절실하면…'

그날 수요 예배에 참석한 성도들과 함께 저희 집에서 자고 다음 날인 삼일절 새벽 5시에 출발해 열방기도의집에 도착해서 아침을 먹고 또 하루 현장 보조로 열심히 섬겼습니다. 그 날 기도의 집 지붕 방수공사를 했는데 저희 지부에서 함께 간 사람들은 방수공사를 할 수 있도록 깨끗이 청소를 하는 것이었습니다. 4층 옥상 정도되는 높이의 경사진 지붕에서 청소를 할 때는 위험하기도 했지만(특히 여성들에게는) 하나님의 돌보심으로 무사히 하루 일을 마치고 우리 모두 기쁜 마음으로 집으로 향할 수 있었습니다.

이제 하나님의 나라의 완성을 위해 열방기도의집을 통해서 하나님의 군대들을 일으켜 모든 민족을 회복시키실 하나님을 기대합니다. 하나님을 찬양하고 모든 민족을 하나님께 올려드리며, 또한 세계교회에서 보내온 하나님의 일꾼들을 훈련시켜 열방으로 파송하는 일을 감당함에 있어서 중추적인 역할을 감당할 시니어 세대가 더욱 많이 일어나길 기도합니다.

또한 이 일을 같이 감당하며 동역할 한국교회가 일어나 마지막 시대 하나님의 구속사를 마무리하는 영적 전쟁의 승리자로 하나님 앞에 영광스런 교회로 설 수 있기를 기도합니다.

할렐루야!

2012년 삼일절 휴일날 지붕방수 작업을 하는 느헤미야들

주의 영이 임하면 늙은이는 꿈을 꾸리라!

윤재자 권사_ 익산

천성을 향해 가는 성도들아!

"천성을 향해 가는 성도들아! 앞길에 장애를 두려워 말아라. 너 가는 길을 누가 비웃거든 확실한 증거를 보여 주어라."

어느 날 월드미션 예배를 드리고 오는 길에 이 찬송 가사가 자꾸 입에서 맴돌아 부르고 또 불렀습니다. 찬송가를 무심코 폈는데도 이 찬송이 펼쳐지는 겁니다.

"너 가는 길에 누가 비웃거든 확실한 증거를 보여 주어라."

마귀들과 잘 싸워 이기기까지 검을 꽂지 말라며 주님께서 제게 말씀하시는 듯 했습니다. 성령이 친히 감화하여 주실 것이라는 믿음을 확실히 주셨습니다.

일흔이 넘은 이 늙은이가 한 게 뭐 있다고 나보고 간증문을 다 쓰라고 하네요. 아마 얼마 전 금방 가서 반지랑 이것저것 금붙이 팔아 열방기도의집에 드린 것 때문에 그런가 봅니다.

이 늙은이가 하나님한테 뭐 드릴 게 있어야지요. 젊고 건강해서 몸으로 뭘 할 수 있는 것도 아니고, 남들처럼 가진 재산이 있어 드릴 수 있는 것도 아니고, 그저 안타까울 뿐이에요. 그래도 딸이 용돈 보내주면 캠프 갈 때 차비하고, 남은 돈 모아 다달이 나오는 노령연금을 합쳐서 매달 송금 하는 게 기쁨이고, 이거라도 할 수 있다는 게 얼마나 고마운지 몰라요.

그 금 반지 이 늙은이 손가락에 끼면 뭐 하겠어요. 아까워서 끼지도 못 하고 넣어 두면 뭐하나, 열방에 복음을 듣지 못한 불쌍한 영혼들 섬기고, 또 하나님의 아들들이 훈련하는 집을 짓는데 이거라도 드리면 되겠다 싶었어요. 그래서 내 반지랑 이것저것 딸 것까지 팔아 드리고 나니 오히려 얼마나 감사하던지….

열방의 영혼들 살리기 위해 젊은 집사님들도 다 팔아서 하나님

성전 짓는 데 내는데, 나한테 있는 것이 조금이나마 도움이 된다
면야 뭐가 아깝겠어요.

제가 처음부터 선교에 대한 비전이 있었던 것은 아니고, 2006년
지금은 선교사가 된 딸의 권유로 인터콥에서 선교훈련을 받게 되
면서부터 시작되었어요. 그 때 같이 훈련 받은 동역자 중 한 분은
이미 돌아가셨네요.

훈련받을 때 매주 미전도 종족을 소개해줄 때마다 그 곳들을 얼
마나 가고 싶던지…. 그 간절한 소원에 주님께서 응답해주셔서 결
국 일흔의 나이에 북인도 카쉬미르를 밟게 되었어요.

그런데 제가 갑상선 항진이 있어서 마르고 기운이 없고 다리가
팍팍(!)해서 젊은 사람들과 함께 걷기가 힘들었죠. 그런데 팀원들
이 그런 저의 걸음에 맞춰서 함께 걸어주는 겁니다. 어찌나 미안
하고 고맙던지…. 거리는 북인도 군인들이 장악하고 있었는데 그
군인들이 제가 할머니라고 시민증 검사도 하지 않고 우리 팀을 그
냥 통과시켜 주는 겁니다. 아무리 험악한 곳이라도 노인 섬기는
문화는 있더라구요.

'아, 이게 팀의 복이구나.'

그래서 전 나이는 많지만 제가 할 수 있는 것은 무조건 섬기려 했습니다.

열방기도의집 공사 현장에 기도하러 갈 때마다

"아이고! 저 큰걸 언제 짓겠나?"

"돈은 또 한두 푼 드는 게 아닐 텐데 누가 다 내서 하노?"

"느헤미야가 한다는데 그럼 느헤미야가 몇 명이나 있어야 하는 거야?"

아무리 생각하고 또 생각해 봐도 이 머리로는 계산이 안 나오더라구요. 돈 없는 가난한 인터콥이 저렇게 이 큰 건물을 짓는걸 보면 하나님의 말씀이 무섭긴 무섭지요. 이 짧은 소견에도 너도나도 십시일반 내면 수월하겠구나 생각했지요.

그래서 느헤미야 많이 보내달라고 날마다 새벽기도때 기도하기 시작했어요. 새벽기도 갈 때마다 열방기도의집을 위한 기도제목을 종이에 적어 보면서 기도를 하는데 불을 켜주지 않아 불편하긴 했지만 어서어서 채워 주십사, 그래서 빨리 마무리하게 해달라고 힘에 부치게 간절히 기도했어요.

어느 날 꿈에서 상주 공사현장에서 기초를 세우고 철골을 꽂고

있는 중 나무 껍질이 벗겨지는 소리가 나면서 뭐가 툭 떨어지길래 가서 봤더니 포크레인 머리가 떨어진 꿈을 꾸었어요. 안전사고 나지 않도록 기도하라는 뜻인 줄 알고 특히 많이 기도했어요. 그래서 별다른 큰 사고 없이 축대도 세워지고, 기도했던 것들이 채워졌다고 해서 얼마나 감사했는지 몰라요.

주님의 재림을 기다리며

그런데 조금이라도 빨리 '우리 하나님의 마음을 알았다면 얼마나 좋았을까' 하는 아쉬움이 있어요. 교회생활 잘 하고, 교회 잘 섬기는 게 다 인줄 알고 한 평생 살아왔는데 그런 내가 바로 눈이 있어도 보지 못하는 봉사요, 귀가 있어도 듣지 못하는 귀머거리였다는 게 억울하고 억울해서 가슴을 치고 또 치며 얼마나 울었는지 몰라요.

38년 전 처음 주님을 만났을 때 꿨던 꿈이 지금도 잊혀지지가 않아요. 큰 대궐 같은 집이 있고 두루마기 입은 사람들이 나왔는데 수십 년이 지난 지금까지도 생생해요. 외국에 나가본 적도 없고 그런 모습을 본적이 없어 꿈에서 봤던 그것이 뭔지 잘 몰랐지요. 그런데 큰 대궐 같은 집은 이슬람 사원이고, 두루마기처럼 보인 옷은 무슬림들이 입는 옷이라는 걸 선교훈련을 받으며 알게 되었지요.

"아! 이슬람을 위해 기도하라고 미리 알려주신 거였군요! 주님! 제가 그걸 모르며 살았네요. 이제야 깨달았네요."

가슴을 치며 얼마나 울었는지 모릅니다.

이제 세상 다 살고 아버지한테 갈 때가 돼서야 알게 되다니…. 그래도 이제라도 알았으니 다행이라고 생각해요. 이제 내가 할 일은 우리 자손들이 나처럼 가슴 치며 후회하는 일 없도록 한 살이라도 젊었을 때, 두발로 서고 걸을 수 있는 건강이 있을 때, 그 귀한 시간 하나님께 드릴 수 있도록 기도하는 것뿐이에요.

"우리 큰 아들, 둘째 아들 열방 품게 해주세요! 우리의 모든 자녀들 십자가 지고 헌신하게 해주세요! 무장하고 있다가 주님 만나게 해주세요. 죽더라도 우리에게 생명주신 예수님 부인하지 않게 해

주세요!"

아무쪼록 이 사람한테 소원이 있다면, 우리 주님 언제 다시 오실지 모르겠지만 저 살아 생전 주님의 재림을 보는 것입니다.

"이 열방기도의집을 통해 선교 부흥의 세대 일어나게 해주세요."

10만 선교사 100만 성도 일어나 이 열방기도의집에서 훈련 받고 정비되어서 다 열방으로 나가길 소원하며 날마다 하나님께 기도하며 천성을 향해 가렵니다. 할렐루야!

‘열방기도의집’을 드리는 우리의 기도

주여, ‘열방기도의집’을 세운 모든 느헤미야의 소원이 있나이다.

하나님 나라가 모든 족속에 임하게 하여 주옵소서.

그것은 주님의 지상대명령이고 또한 우리의 열망이나이다.

이 천국 복음이 모든 민족 온 세상에 전파되는 날,

세상의 끝과 왕이 다시 오실 것을 아나이다.

우리 모두는 예수님이 다스리시는

영원한 왕국을 대망하나이다.

그 날까지 ‘10만 선교사’ 왕의 군대로 나아가겠나이다.

‘100만 성도’가 함께 일어나 열방을 회복하겠나이다.

주여, ‘열방기도의 집’에 거하는 모든 예배자의 소원이 있나이다.

성령의 권능이 모든 자에게 한량없이 부어지게 하옵소서.

주의 명령은 너무 크고 우리는 미약하나이다.

이는 힘으로 되지 아니하며 능으로 되지 아니하고

오직 여호와의 영으로 되나이다.

모든 자에게 기름을 부으사

땅 끝까지 예수의 증인이 되게 하옵소서.

하늘의 능력으로 세상을 정복할 수 있는

사도적 증인들이 되게 하옵소서.

주여, '열방기도의 집'을 사모하는 모든 세대의 소원이 있나이다.

새벽이슬 같은 주의 청년들을 이곳에서 일으켜 주옵소서.

풍요와 음란의 바알신이 온 땅을 덮고 있나이다.

금송아지를 만들어 우리가 따를 신이라 하나이다.

세상의 성공한 자가 주께서 쓰시는 자라 외치고 있나이다.

바알에게 무릎 꿇지 않고,

금송아지를 파멸시키며 넘어뜨릴 청년들,

벌떡 일어나 인생의 가장 귀한 시간을

주께 드리는 예수의 청년들을

아무라도 셀 수 없이 이 땅 가득하게 하옵소서.

주여, '열방기도의집'에서 기도하는 모든 용사들의 소원이 있나이다.

마지막 전쟁의 승리를 우리 한국교회에 부어 주옵소서.

한국 교회는 기도의 열심과 말씀의 사랑이 살아 있나이다.

새벽마다 밤마다 산에서 광야에서 기도하고 있나이다.

말씀으로 성령의 역사를 사모하는 능력이 충만하나이다.

예수의 이름으로 일컬음 받는

모든 민족 공동체 Global Alliance 가

한국 교회와 함께 승리의 군대가 되게 하옵소서.

한국 교회가 이기고 또 이기어 예수의 나라가 되게 하옵소서.

2030년까지 세계 선교의 과업을 완수하는

창대한 한국 교회 되게 하옵소서.

주여,

주님이 오시는 그 날까지

'열방기도의집'에서 끊임없이

올라가는 기도의 불기둥이

온 열방 위에 가득 덮어

천국까지

최후 승리하게 하옵소서.

-강요한 선교사(인터콥 사역디렉터)-

열방센터는 하나님께서 한국교회에 Again1907의 선교부흥을 통해 열방복음화의 주역이 되어 복음을 땅끝까지 증거하라는 비전과 함께 주신 BTJ의 시대적 사명을 감당하기 위해 멈추지 않는 예배와 기도를 통해 열방을 회복하고 BTJ군대를 훈련하여 마지막 지구영적전쟁을 수행하게 될 것입니다.

BTJ

BTJ Ce

해외 한인교회와 한국교회 성도들

Mission2. 선교사 훈련 및 파송

열방센터는 한국교회 10만 선교사 100만 성도의 비전을 성취해 나가기 위해 마지막때 열방을 추수할 선교사를 훈련하고 파송할 선교전초기지가 될 것입니다. 또한 한국 및 해외 한인디아스포라교회, 중국교회를 비롯한 현지교회 차세대 영적 지도자를 양성하여 세계 곳곳에서 글로벌 팀사역을 이루며 주님의 지상명령을 성취할 것입니다.

기도와 헌신을 통해 세워진 열방기도의집! 이제는 유럽교회, 아프리카교회, 아시아교회, 인도교회 등이 **복음주의 세계교회 영적동맹**을 이루어 **신속한 세계 복음화**를 가속화시킬 것입니다.!

느헤미야 프로젝트

초판 1쇄 발행 | 2012년 5월 1일

펴낸이 | 김효준
펴낸곳 | 도서출판 펴내기
엮음 | 인터콥선교회

책임편집 | 김귀화
편집 | 박정숙, 오수옥, 정거배
디자인 | 이수연
캘리그라피 | 조용연
일러스트 | 박준규

등록 | 1992년 8월 1일 제 03-01034호
주소 | 서울특별시 용산구 효창동 5-135 1층
전화 | 02-718-5273
팩스 | 02-2077-8894

총판처 | 두란노서원(전화 02-749-1059, 팩스 02-794-0528)
ISBN 978-89-86179-37-8

※책 값은 뒤에 있습니다.
※파본은 바꾸어드립니다.